間違いだらけの家族観

儒教で読み解く老い・父性・夫婦・死

Kaji Nobuyuki

加地伸行

はじめに

町を行くと、人々は幸せそうに歩いている。着ている服も小綺麗《こぎれい》である。店には商品があふれ、建物もりっぱ、日本は豊かであり、幸せいっぱい、というふうに見える。しかし、果して本当にそうなのであろうか。たとえば、或る日、突如として某国が我が国に攻撃をしかけてきたとしたならば、どうなるであろうか。

人々は逃げ回り、金銭をかき集め、どこか安全なところはないかと血眼で探すことであろう。ただ〈逃げる〉ことのみが第一であって、おそらく、ほとんどの人は防衛するために戦うと言い出さないであろう。せいぜい、自衛隊は何をしているのかとか、アメリカ軍は条約を守って出動せよとか、とわめきたて、そして厚かましくもこう言うであろう、政府は食糧を切らすな、水も電気も確保しろ、と。

すべて他人《ひと》まかせなのである。だれかがなんとかしてくれるだろうと思いこんでいる。自分が主体となって、という気持が稀薄である。これが今日の日本人の現実の姿である。

日本国憲法なるものがある。それに依れば、国民は主権者であるという。であるならば、すなわち己《おの》れが国家運営の権利を持っていると言うのであるならば、外敵が攻めこんできたとき、己れの主権が侵害されたのであるから、直ちに武器を手に取って戦わなければならないのである。それが主権者というものではないのか。

戦争だけではない。さまざまな政治上の問題についても主権者として対応しなければならないのである。にもかかわらず、そのような主権者意識をきちんと持ち、主権者の〈義務〉を意識して行動している人は果して何人いるのであろうか。ほとんどいないのではないか。

空虚なのである。見かけがなんであれ、現代日本人の精神は空虚なのである。町を歩いていて目にする幸せそうな風景は、中身のない幻みたいなものであって、それを支える強靱《きょうじん》な精神などはない。依るべき精神を持っていない。これが日本人の多くの現実の姿である。

いや、町なかの話だけではない。人々が帰る家とて同じことである。小綺麗な庭つき一戸建てや、しゃれたマンションに住み、電化製品に囲まれ、幸せそうな家はずいぶんとある。しかし、一皮めくれば修羅場《しゅらば》と化す家がほとんどである。早い話が、老親の扶養をどうするかという問題を前にするとき、家族の争いは絶えぬこととなる。挙句の果てには、老親は老人ホームに蹴りこみ、しかも老親の財産は兄弟姉妹で奪いあうという地獄絵巻となる。見かけの幸せとは裏腹に、ここにも老親に対して自己責任を尽すというような強靱な精神はない。依るべき精神を持っていない。これが日本人の現実の姿である。

同じことは、学校においても言える。人と人との間においても言える。至るところにあるものは、見かけの物質的幸せ、そして精神の虚しさである。この状態がもう十年続くならば、確実に日本は衰亡し、溶解し果ててゆくであろう。

どうしてこんなことになってしまったのか、そこからしっかりと再生する道はないのであろうか。

そのようなことを考えていたとき、思い出す、かつて神戸で中学生による小学生殺人事件が起ったのである。

平成九年の春、中学生Aが小学生Bを絞殺し、あろうことか、Bの首を切り落し、その首を自分が通学する中学校の校門に置いた。のみならず、犯行声明文を新聞社等に送りつけ、自己の行為を正当化しようとした異常な事件である。

その犯行声明の文章が、一種独特の文体を持っており、自分を〈透明な存在であるボク〉と表現したことから、単純な殺人事件と見ないで、現代日本の病弊の現われとして、多くの識者が論評を加えることとなった。教育・心理・法律・思想・社会などいろいろな領域の人がそれぞれのその立場から見解を提出している。

それでは、もしお前が論評するとすれば、どのように行なうかと問われると、率直な気持を言えば、観念的ではありえないと言うほかはない。

世の識者の諸論評の立場は、要するに、事件を他人事《ひとごと》として見ているだけではないか、そういう思いがあったからである。その観念的な多弁を読むとき、もういい、それは、さきほど記した町の風景と同じく、見かけは小綺麗であるけれども、所詮、中身は空っぽではないのか、という思いとなった。

私は、そういう観念的立場ではなくて、私としてはという中身のある現実的立場に立つ。とすると、どうなるであろうか。

神戸で起った小学生殺人事件——その加害者は人間の屑《くず》であり、なんの同情の必要もない。しかし、この事件を己れに引きつけてみるならば、どうなるであろうか。すなわちもし私が被害者の小学生の父であったならば、あるいは、もし私が加害者の中学生の父であったならば、という仮定である。

もし私が被害者の小学生の父であったとするならば、復讐をする可能性がある。私は凡夫であるから、罪を憎んで人を憎まずというような高尚な気分になることはとてもできない。

また、もし私が加害者の中学生の父であったならば、自裁（自殺）をする可能性がある。私は日本人であるから、親は親、子は子、別の独立した人格であるというような、欧米人流の個人主義的行動をとることはとてもできない。それに、自裁する前、罪を犯した子を自らの手で処置する可能性さえある。

自分の子に関わる重大事件における〈復讐と自裁と〉――この二つは、無関係なように見えるが実はそうではない。そこに明らかに通底するものがある。すなわち、親と子との血のつながりに対する運命的一体感である。血の連続に対する強烈な自覚である。これはいったい何なのであろうか。親は独立の人間、独立の人格、子もまた独立の人間、独立の人格であるとする個人主義の立場からは絶対に生れない感覚や意識である。

神戸の小学生殺人事件が突きつけたのは、少年法の不備だとか、社会環境の欠点とか、加害者の心理だとかといった技術論的な問題ではない。もしお前が被害者あるいは加害者の親であったならばどうするのかということ、あえて言えば、お前の生きかたとは何かという、根源的な問いがあると見る。

己れの生きかたを明らかにする覚悟があってはじめて論評が可能な、深い淵をこの事件は含んでいる。すなわち、私の心の深層にある〈親と子との血の連続〉の強烈な自覚とは何か、ということである。この自覚あるいは感覚は、けっして私一人だけではなくて、多くの日本人が抱いている。すなわち、実は、家族に対する日本人の原感覚なのではなかろうか、と考える。あえて言えば、それは、日本人における〈家族の思想〉である、と。

この、日本人における〈家族の思想〉が、いま、忘れられているのではあるまいか。そのため、日本人は依りどころとする思想や精神がなくて実はおろおろとしているくせに、表面的には欧米思想からの借りものの個人主義思想に依りかかっては観念的になっているのではあるまいか。

観念的とは、借りもののきらびやかなことばで飾り、ただ単なることばの遊戯に陥っているということである。中身はないのである。そのような、中身のない空虚とは、もう別れよう。もっと現実に基づいた、中身のある立場に立とう。

家族についての、その精神の回復を図ろうとする技術論的な意見は山ほどある。しかし、ここまで墜ちてきた日本の家族の再生を図るには、もうそうした小手先の技術論だけではどうしようもない。

今、必要なことは、われわれ日本人の家族の根底にあるものを求め、〈家族の思想〉としてそこを基盤とすることであろう。その基盤とはすなわち〈血の連続〉・〈生命の連続〉ということである。

それは、実は〈儒教的死生観〉のことなのである。この〈儒教的死生観〉を、大半の日本人はもう忘れてしまい、知らないでいる。もしそれを本当に身につけていたならば、実感をもって確たる依るべき精神を持つことができ、自己責任の根拠を得ることができるであろう。

そうあったとき、たとい某国の攻撃があろうと逃げることはなく、家族の重大な局面に当っても利己的立場に終始することはなく、また軽々しく他人の生命を絶ったり、いじめたりすることはなくなるであろう。

この〈血の連続〉・〈生命の連続〉の自覚とは何か――それは、儒教的死生観に基づきつつ儒教文化的家族主義を真に理解するということなのである。そのことを、これから述べてゆくことにしたい。

間違いだらけの家族観 ◎目次

装　丁　神長文夫＋柏田幸子
ＤＴＰ　荒川典久

本書は『家族の思想——儒教的死生観の果実』（一九九八年刊）を再編集、加筆したものです。

第一章　儒教的仏教そして仏教的儒教

儒教はなぜ支持されたのか

「儒教」と言えば、ほとんどの人は、倫理道徳の話と思っている。特に日本人がそうである。それほど固定観念はなかなか抜けきれない。その上、自由勝手気ままの現代日本人においては、「道徳」ということばを聞くだけで反撥する人が多い。そのため、儒教すなわち道徳すなわち人間を縛るものすなわち否定すべきもの、というめちゃくちゃな短絡をする人が多いのである。しかも、第二次大戦の敗戦後、戦前の日本の全否定をすることが、この八十年も行なわれてきたため、需教も旧きものとしてさらに足蹴《あしげ》にされてきたのである。

ところが、道徳の代りに法を置くと、それを否定する人は少ない。法の代表として日本国憲法を挙げてみるとこうなる。

〔儒教〕←――道徳――→人間を縛るもの――→否定

〔日本国憲法〕←――法――→人間を縛るもの――→肯定

これはおかしいではないか。同じく人間を縛るものであっても、法なら肯定し、道徳なら否定するというのは。ましてそれを儒教にまで延長するというのは。

落ちついて顧みてみると、少なくとも残った文献によって知ることのできる有史の内、儒教なら儒教、あるいはキリスト教ならキリスト教が、ともあれ、或る特定地域ではあるが、相当に長い期間、指導的地位に在って存在し続けてきたことは、厳然たる事実なのである。と言うことは、少なくともそれほどの長期間、人々が支持してきた内容があったからである。制度や社会構造が儒教やキリスト教を支えてきたのではなくて、儒教やキリスト教自身の内容に人々が支持しうる或るなにものかがあったからこそ、制度や社会構造が儒教やキリスト教を取りこんでいったと見るべきであろう。そうでなくては、千年とか二千年とかといった単位で儒教やキリスト教が残り続けてきたことを説明することができない。

となると、人々が支持しうる或るなにものかとは、儒教の場合、いったい何であるか、ということになる。もちろん、キリスト教のそれとは中身が異なる。儒教の場合、その地域的特性として、中国、朝鮮半島、日本など東北アジア地域の人々の心を捉えたものとは何であるのかということになる。

そのことをまず理解することが大切である。と言うのは、家族のことを考えるとき、ただ家族だけを取りだしてしまうと、抽象的な一般的な家族論となってしまうだけだからである。地域性や歴史性を抜いてしまっての世界的普遍的な家族論などというものはありえない。われわれにとって必要なことは、個別具体的な東北アジアにおける家族論なのである。そうした家族論を求めようとすれば、東北アジアに普遍化した儒教の本質をまず理解することからはじめるべきであろう。

もっとも、その内容について体系的に述べたものが、拙著二冊、すなわち『儒教とは何か』（中公新書）・『沈黙の宗教——儒教』（筑摩書房）であるから、詳しくはその二冊を読まれたい。私がこれから述べる儒教文化的家族主義の内容は、実はその二冊に尽きている。そこで、本書の展開の順序として、その大要をまず述べておきたい。

西暦前に日本に伝えられたという仮説

儒教——すぐれた文化の中で、今日、このことばほど誤解されているものはない。「儒教的」と言えば、そこにおのずから道徳的という意味あいを感じさせる。いや、まだそれは良いほうであって、多くの場合、嘲笑的気分を含んでいて、古ぼけたもの、人間を抑圧するもの、そして否定すべきものとして使われている。それが日本の現実である。

その結果、儒教はもはや現代において意義を持たないものとして受けとめられている。特に欧米思想にまみれた日本知識人においてそうである。しかし、果してそれは正しい理解なのであろうか。

そこで、日本人が儒教に接したはじめは、いつのことであろうか、そのあたりから見てみる。すると、世の多くの書物は『日本書紀』に基づき、そこに文献としてはじめて記録があるとして、王仁《わに》が応神天皇のときに『論語』と『千字文』とをもたらしたのが最初であると記している。馬鹿馬鹿しい話である。こういうのが、ただただ存在する文献のみを信じる悪しき文献実証主義というものであろう。それは、記録になければ事実はないなどという古典的歴史学にすぎない。

私は大胆に、西暦前にもうすでに儒教は伝えられていたと思っている。前一〇八年、前漢帝国の武帝が、朝鮮半島北西部を押え、楽浪郡《らくろうぐん》を建てる。中心地は現在の平壌付近とされている。もちろん、楽浪郡を建てる前、衛氏朝鮮という国家が存在しており、朝鮮半島の歴史は古い。この朝鮮半島と日本との関係もまた古いことは言うまでもない。平壌から南へ下り、海を渡って日本へ——それはそれほど遠い道のりではない。

実感の話であるが、私は福岡から釜山へ船で渡ったことがある。渡航時間の三分の二ぐらいのとき、対馬を過ぎた。それはまさに朝鮮半島との近さを体で教えるものであった。

もちろん、西暦前当時の記録道具の中心は木簡等であろうから腐朽しやすく、保存は困難であっただろう。しかし、考古学において発掘技術が高度化した今日、いつの日か当時の文献がなんらかの形で出土するものと私は思っている。

しかし、今のところ実証できないではないかと言われればそれまでである。ただ明言できることは、己れの体質に適合する、そしてすぐれた文化は必ず伝わるものであり、そしてその文化がみごとにその土地、その民族に適応するものであれば、必ず根づくということである。

われわれの住む日本、ひいては朝鮮半島、中国という東北アジアの宗教的特徴はシャマニズム（魂降《たまおろ》し）とアニミズム（物体にはみな魂があるとすること）とである。あえて言えば、世界のほとんどはもともとはシャマニズムである。ヘレニズム文化を伝えてゆくギリシアもそうであった。ただしヘブライズム文化、一神教の砂漠の宗教（ユダヤ教・キリスト教・イスラム教）はそれを許さない。キリスト教のごときは、四世紀にローマ帝国の国教となってからは、それまで普遍的であったシャマニズムを弾圧し、シャマンを魔女として殺してゆく。インドの諸宗教もまた輪廻転生という死生観の下、霊魂を現世に呼びもどすようなシャマニズムを認めない。つまりは個人の霊魂が絶えず現世に存在することを認めない。

しかし、われわれ東北アジア人はシャマニズムから離れることができないのである。このシャマニズムを基礎にして、中国において、〈理論・歴史・実践〉三者ともに含んだ一大体系を作りあげ、登場したのが儒教なのである。もちろん、儒教自身を作ったのは中国ではあるけれども、意識としては、精神の根底に朝鮮半島も日本も同じものを持っていた。だから、儒教が渡来するとその考えかたに容易に慣れ、受け入れることができたのである。その根本は、祖先祭祀であり、魂降《たまおろ》しして現われた祖霊との出会いを重視することである。つまり、儒教自身は中国産ではあるけれども、その意味するものは、実は、日本人・朝鮮民族の気持と同じである。いわば、儒教は、中国人・日本人・朝鮮民族の心を、深層を、映し出した鏡なのである。

だから、儒教という鏡に映った自分の姿を見て、そうだ、そのとおりだと納得したからこそ容易にその鏡を受け入れることができたのであり、伝播はきわめて速かったと考える。もちろん、漢字で書かれた儒教経典を読みこなせた人は、当時の社会の中心をなしていた特定の少数の人々であったことは言うまでもない。

ちなみに、道教もまたその根底はシャマニズムであり、これもまた後に容易に日本に広がってゆく。神道や日本仏教における祈禱や呪符《おまじない》の類のほとんどは道教系である。

死後も〈この世〉に残る精神と肉体と

儒教はシャマニズムである。この意味を説明しておこう。そのためには、まず精神や肉体について、儒教がどのように考えていたのかということから説明したい。

キリスト教は魂の救済を、仏教は魂が輪廻転生という苦しみの輪の中にあることから解脱することを説く。すなわち、両者ともに精神に対する救いをめざしている。だから、肉体について言えば、キリスト教では、最後の審判において天国へ行くことができるとき、魂は丸裸《まるはだか》で昇天するのではなくて、肉体を纏《まと》う。その纏うために必要なものとして肉体を墓に土葬しておく。キリスト教の墓は、そのように死者個人の地球脱出用ロケットみたいなものである。慰霊用の墓ではないのである。

一方、仏教では、解脱できないかぎり、輪廻転生の苦しみを続けてゆくわけであるから、来世は何になるか分らない。人間になるかもしれないし、ヘビになるかもしれない。すなわち魂だけが輪廻転生するのであり、肉体は乗りものに過ぎず、死者の肉体など、置いておいてもしかたがないから、焼いて捨てるまでである。すなわち火葬してしまうので、墓などはない。

ちなみに、日本では火葬はほとんど一〇〇パーセント行なわれていない。遺体を焼却した後、お骨を部分的にひろい、それを墓に土葬している。すなわち納骨式土葬、焼却骨灰の土葬である。火にかけるのは、遺体処理の一過程にすぎない。真の火葬とは遺骨を捨てることなのである。日本人は自分たちの葬礼を火葬と思っているが、とんでもない大誤解である。日本人は依然として土葬をしているのである。なぜか。

東北アジアの人間は、目で美しいものを見、耳でいい音楽を楽しみ、美味しいものを食べ、香りのよいものを嗅ぎ、気持のよいものに触れる――すなわち五感の官能の歓びを第一とする。となると、精神とともに肉体を大切にすることになる。そこでこうなる。

儒教は、人間を精神と肉体との二つに分けた。精神を支配するものを「魂《こん》」、肉体を支配するものを「魄《はく》」と呼び、両者の一致している時が生きている状態とした。死ねば魂・魄が分離し、魂は天へ昇って空にとどまり、呼べばこの世に帰ってくる。だが仏教では、魂は輪廻転生する。煩悩から解脱できれば仏となるが、解脱できない者

図１　儒教の世界観

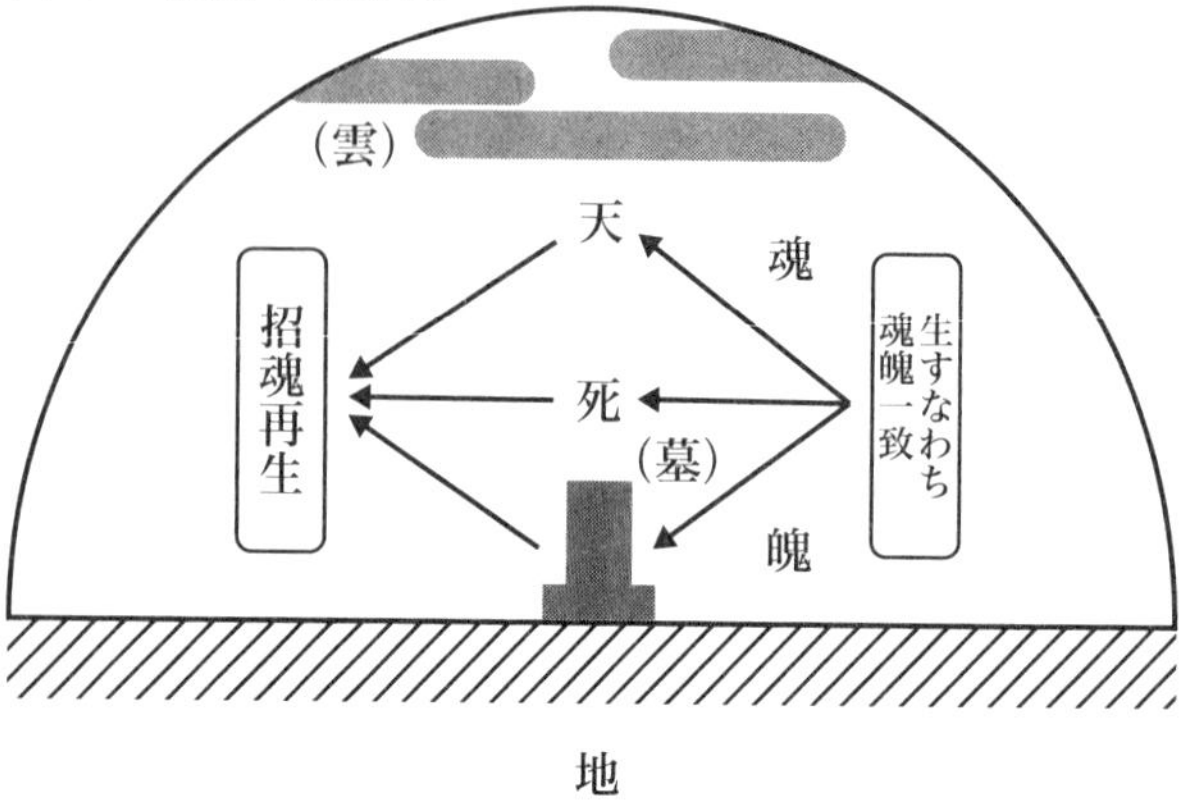

は六道（六つの世界）のどこかに輪廻転生する。六道の一つが地獄。だから、仏教を信ずる者は地獄の存在を認めることになるが、儒教には天国もなければ地獄もない。

一方、肉体はどうなるか。死ねば、魄は地下へ行く。ただし人間が掘り起こせる程度の深さにとどまっている。すると、空に浮かんでいる魂と違って、地中の魄は管理しなければ分らなくなったりして失われる。失えば、呼び戻すことはできない。そこで、魄を一か所に集めて大切に守る。それが墓である。「魄」字の中の「白」が示すように、肉体が腐敗して残った白骨に対して或る神秘的感情を抱き、「白」字をとりこんだ「魄」字となっていったのである。

ところで、そこに出てくる天上とか地下とかとはいったいどういうものなのであろうか。

さきほど述べたように、東北アジア人は、五感の世界、感覚の世界を第一とするので、五感によって確認できるものしか信じない。とすると、昼は太陽が通り、夜は星空となる円い天空と、両足で立っている大地との二つを信じ、この天空と大地とによってできる半円状の空間の世界しか信じないことになる。

だから、仏教やキリスト教が天外の極楽や天国を、そして地下深いところの地獄を説いても儒教徒は信じなかったのである。とすると、魂が天へ向かって昇るとしても、天空の線のところまでであって、天空の外に出ることはない。地下に魄があると言っても、人間の手で掘ることのできるところまでである。つまり、魂魄それぞれは、天と地とで囲まれた半円状の中に留まっているわけである。すなわち、あの世などというものに行かず、この世に留まっているのである。だから、いつでもこの地上に招き降ろすことができるのである。それを図示すれば前頁の図1のようになる。

儒教では、死後も魂はこの世に存在し、子孫・一族が祭祀してくれればいつでも遺族のところに帰ってくることができるとし、肉体は子孫・一族が続くことによって、この世に生き残り続けることができるとした。このように魂・魄ともにこの世に存在し続け得るとして、死および死後の説明をなしとげ、東北アジア人の死の恐怖や不安を取り除いたのである。だからこそ、儒教は東北アジア人に支持されてきた。中国仏教・日本仏教ともに、インドが生んだ仏教原理とはあえて異なりつつ、祖先の霊魂を招き降ろす祖先祭祀（先祖供養と表現しなおす）など儒教的儀礼を取り入れざるを得なかったのは、それほど儒教文化の壁が厚かったためである。

大切なことであるので、いま一度、整理して言えば、儒教はこう主張する。死者の魂（精神の支配者）は、空中に浮遊する。ただし、儒教の自然観としては天地と天地間の空間としか認めないから、亡魂は天地間に浮遊するのであって天地の外へは行かない。すなわち、亡魂の行く〈あの世〉とは、実は〈この世〉のことなのである。また、死者の魄（肉体の支配者）は、地上あるいは人間が到達しうる範囲の地下にいる。この魄とは、要するに死者の遺体（その極致は白骨）のことである。この白骨（「白《はく》」と「魄《はく》」との音が通ずることに注意）を管理する場所が墓である。墓の中には、魂ではなくて魄があり、魂は空中に浮遊している。魂は墓の中にはいない。そして、両者ともに〈この世〉に存在している。

魂降しすなわちシャマニズムとしての儒教

そこで、この離れている魂と魄とをこの世でドッキングさせるならば、換言すれば、亡き精神と死体とを呼びもどし、この世でドッキングさせるならば、死者は再び〈この世〉に現われることとなるという考えかたである。これは、一般的に言えば、この世に亡魂を呼びもどすシャマニズムである。

このようにして、儒者は魂降しを行なう。その亡魂は理論的にはだれでもよいのではあるが、正式には、自己の祖先をはじめとする一族の亡魂（厳密に言えば亡魂・亡魄の両者）ということになる。わけても、自己の両親、ひいてはその祖先に対してである。すなわち、これがいわゆる祖先祭祀なのである。

祖先祭祀――これが儒教におけるシャマニズムの根核である。この祖先祭祀のために、魄（実質は白骨）を納める墓を大切にし、魂・魄を呼びもどして依り憑《つ》かせるところ、すなわち木で作った神主《しんしゅ》（木主《ぼくしゅ》とも）に敬意を表する。ちなみに、この神主が中国仏教・日本仏教に取り入れられて位牌となる。同じく墓もまた中国仏教・日本仏教に取り入れられる。これに対して、インド仏教さらにはその系統の小乗仏教（仏教のもとの形に近いもので、ミャンマーやカンボジアなど東南アジアに広がっている）においては、墓や位牌の必要はない。中国仏教・日本仏教は、中国・日本で普及させるためには儒教の祖先祭祀を受け入れざるをえなかったのである。

＊因みに、本来、墓は亡き人の遺体を置いた場所のこと。ふつうは遺体を土中に埋め、その上を土で盛る。それが墓である。後に、その埋めた場所を示す道標が建てられた。しかし、墓地の墓が増えたので、分かりやすいように、この道標を墓（土饅頭《どまんじゆう》）の上に立てるようになった。それから、いつのまにやら、この道標（標識）を〈墓〉と思いこみ、それを拝んでいるのが現代。それは誤り。あくまでも、その標識の下に死者の遺体が眠っているのであるから、その方向に向かって慰霊するのが筋である。

この祖先祭祀（あるいは中国仏教流・日本仏教流に言えば先祖供養）というシャマニズムを掲げる儒教が、東北アジアに広がる。なぜ儒教が広く受け入れられたかというと、中国・朝鮮半島・日本という東北アジアにはシャマニズムの基盤があったからである。そういうところへ、シャマニズムに基づく体系的文化である儒教が普遍化するのは当然であった。

図２

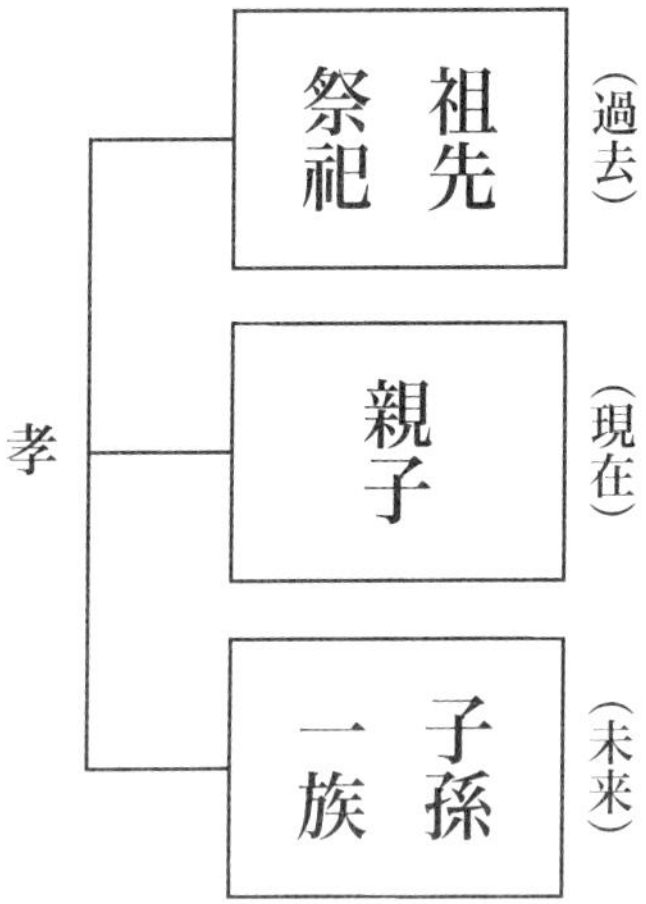

さて、くりかえし言えば、祖先祭祀を行なうのは子孫一族である。だから子孫一族が続き増えることが重要となる。この祖先（過去）と子孫（未来）との集約が、親子（現在）である。あるいはミニチュアとして、親（将来の祖先）に対して子（子孫の出発点）が思いを尽すと言ってもよい。そこで祖先祭祀の実行、子の親への愛、子孫一族の発展、この三者を併せて〈孝〉と称する（図２）。そこに一本、太く貫いているものは、生命の連続の重視、すなわち歴史性の重視である。換言すれば、孝とは〈生命の連続の自覚〉ということである。

儒教の基盤にあるのは死の意識

このように考えてくると、死の意識を底に敷いて、その上澄みとして孝が生じてくる宗教性が儒教の基盤であるということができよう。そして、この孝は同時に家族倫理の基礎でもあるから、その上部に家族倫理、社会倫理、国家倫理と層を重ねて道徳性（中国思想的には礼教性と言う）が存在することになる。それを図示すれば、図3のようになる。孝は両者の重なりのところにあってつないでいる。

左の図3は、儒教における宗教性と道徳性（礼教性）との関係を示したものである。私がこの図を作って示したとき、どういうわけか知らないが、私は儒教の道徳性を否定したと言う人がいた。おそらく、拙著を本当に読んでいないからであろう。

また、儒教は道徳性を説くから宗教ではないという、まったく宗教が分っていない人もいた。各宗教は、己れの宗教性の上に立って、それぞれ独特の道徳を説いているのである。たとえば、シャカは覚りを得て後、宗教性として説く〈苦〉に対して、その苦を滅する方法として八正道を説いた。曰く「正しい見解、正しい思い、正しいことば、正しい行為、正しい生活、正しい精進努力、正しい見解へという気持を常に心に留めること、正しい禅定《ぜんじょう》」と。この八正道のほとんどは道徳論ではないか。仏教

図3

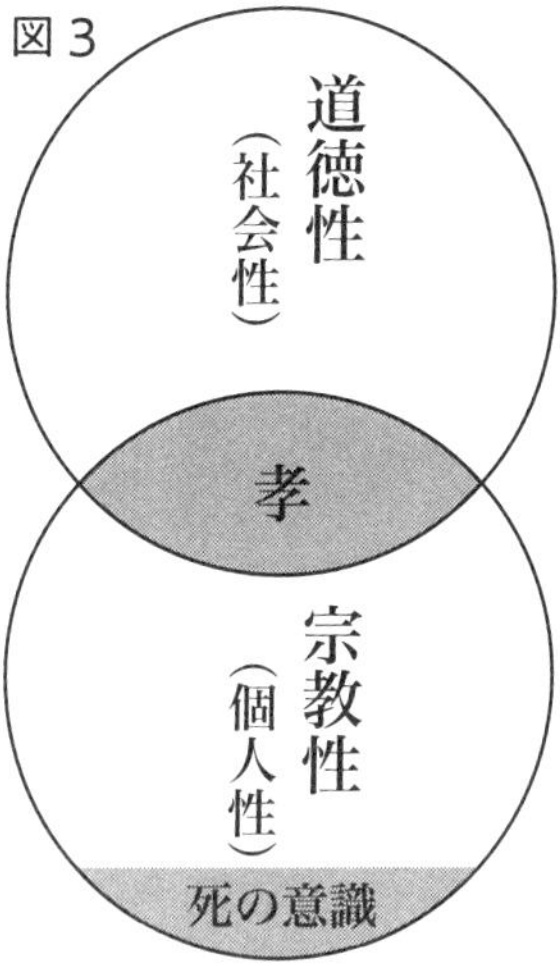

図4

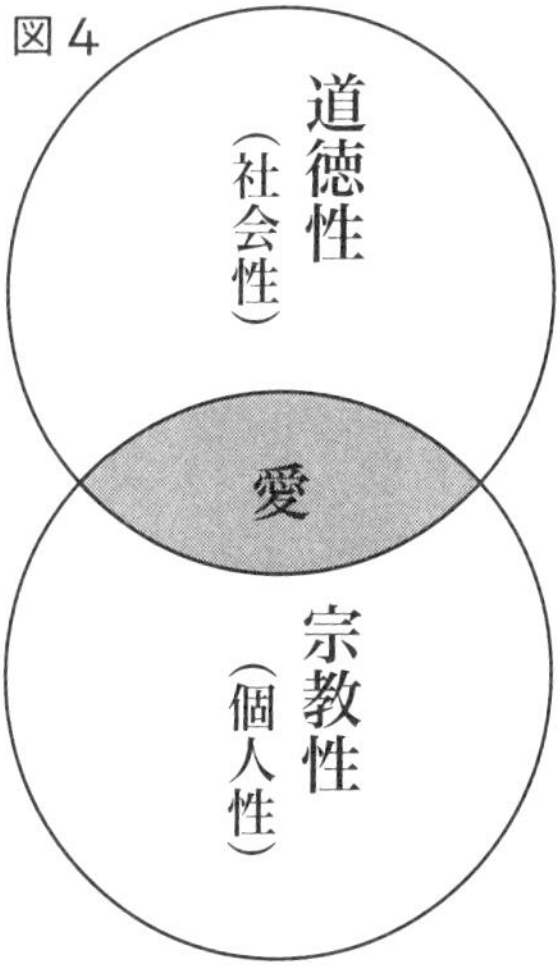

図5

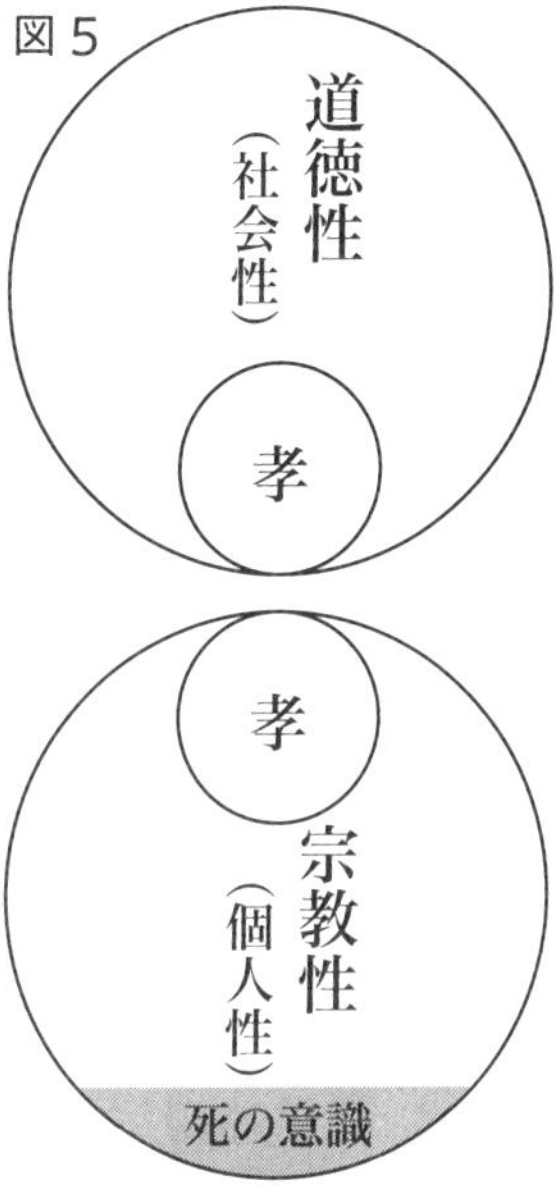

倫理を説いているではないか。問題は、その宗教性と道徳性とをつなぐ重要なキーワードとは何であるのかである。たとえば、キリスト教の場合、私の貧しい分析で言えば、そのキーワードは〈愛〉であろうか（前頁の図4）。この〈愛〉は、あたかも儒教における〈孝〉の位置にあるようなものと考える。

中国と日本とにおけるインド仏教の変容

ところが、西暦一世紀以後からは、中国と日本とでは様相が異なってくる。と言うのは、一世紀ころ、インド仏教が中国に伝来したからである。このインド仏教がすぐさま日本に入ってくることはできなかった。なぜならインド仏教は中国においてすぐその地位を確立したわけではなかったからである。すなわちインド仏教は中国に外国文化として到来したにすぎず、中国において一般化されるには時間が必要だった。まして日本に渡るまでさらに時間がかかったわけである。

このインド仏教が儒教と論争し、しだいに対立から調和へと進展していったことは言うまでもない。その間、中国人は、本来、インドにはなかった考えを取り入れた文献、いわゆる偽経を作り儒教の祖先祭祀の理論と儀礼とを取り入れ、独特の中国仏教を作りあげてゆく。その代表の仏典の一つは『父母恩重経』（インドでなく中国で作られた、いわゆる偽経）の中には密教のように、道教の儀礼をも取り入れ、現世利益のために祈禱や護符を組みこんでゆくものもあった。

そのような中国仏教を日本にもたらしたのであるから、日本はついにインド仏教の原形と接することがなく、中国仏教をインド仏教と同じものと思いこんで受け入れたのである。これはやむをえなかった。唐《から》（中国）・天竺《てんじく》（インド）は遠いところだったからである。

もっとも、中国仏教の説に対して生れたいろいろな疑問について、自分でそれを解明しようとして中国へ渡る日本人留学僧（留学生）も増えていった。

一方、これも文献がなく推測であるが、前述のように、日本に渡来していた儒教のシャマニズム理論と儀礼とは、神道の原形的なもの、仮に原神道と称しておこう、その原神道と密接な関わりを持っていったと考える。また、原神道はシャマニズムという点で道教の儀礼等をも受け入れていったであろう。

さらに言えば、中国において儒教が二つに分れてくる。図5（三五頁）を見ていただきたい。一つは、図の下部が示すシャマニズムであり、これは祖先祭祀としてずっと継承されてゆく。すなわち宗教性の面である。ところが、その宗教性の上澄みに〈孝〉がある。この孝は、道徳の基礎でもある。この上部の道徳性が、儒教のもう一つのものであり、道徳論、政治思想といった社会性を帯びているので、社会の上層支配者（八世紀以後になると、いわゆる科挙官僚）が社会のルールとして扱うようになる。それは礼と言われるものである。礼は広範な概念であり、今日の法律や経済や軍事までをも含んでいる。

この礼を一般化してゆくと、しだいに図3（本書三五頁）が図5（同頁）のように分離してゆくようになる。すなわち、もともと道徳性が表層に、宗教性が深層にあり、それぞれが孝を中継にしてつながりながら在ったのに、二つに分れていったと考える。もちろん、それは長い時間をかけながらであるが、私はその分離の完成期は、十三世紀の朱子学の確立期と考えている。

このように分裂してくると、深層部（宗教性）は見えなくなり、表層部（道徳性）が肥大してゆく。ちょうどその時期が日本の平安末から鎌倉期であろう。すなわち、そのころ、儒教と言うとき、一般には表層部の道徳性をイメージするようになっていたであろう。それが江戸時代の漢学全盛期へと続いていったことは言うまでもない。

図６

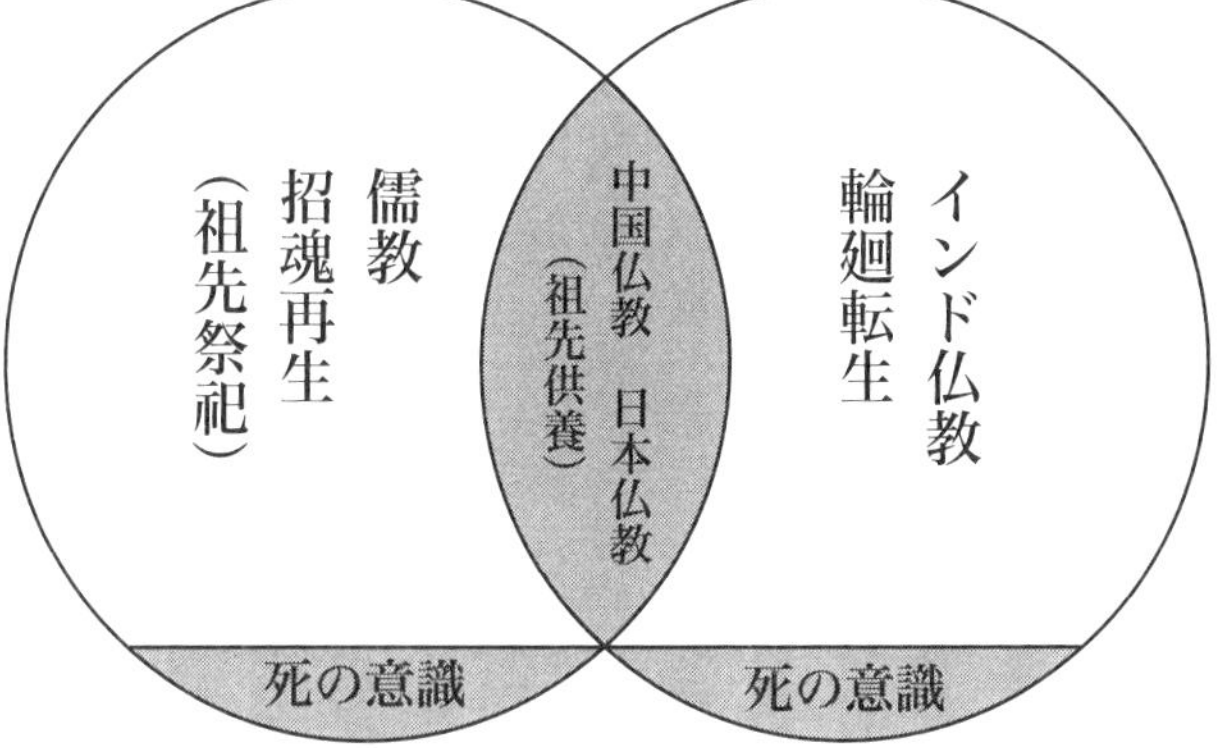

一方、日本において、儒教を取りこんだ中国仏教を受け入れ、日本仏教を形成してゆくとき、はじめから祖先祭祀を含んでいたため、それが本来は儒教的なものであるとは、日本人においてついに意識されなかった。そのため、言わば上のような図となる（図６。「祖先」と「先祖」とは同意）。

一方、日本における原神道はしだいに神道へと形を整えてゆくが、道徳性の面の展開が貧弱であり、ほとんどシャマニズムのままであった。だから、それは原神道そのものと言えばそうであるし、儒教をも受け入れたと言えばそうでもある。つまり、神道とは原神道と儒教シャマニズムとの混淆ということであろう。

なお、鎌倉時代に始まる日本の浄土系宗派の場合は、儒教的なものを削り落し、インド仏教へ帰ろうとする原理主義的立場を取ろうとした。その点、法然《ほうねん》や親鸞《しんらん》ら開祖たちはそれぞれ純粋であったが、以後の信者はたとい開祖の教えに反してでも、儒教的シャマニズムを捨てきれなかったのである。すなわち先祖供養・墓を求め続けて今日に至っている。この点については、後にもう一度触れることにしたい（第六章一五八頁）。

道徳性と宗教性との二元構造

このように、日本人の場合、神道・日本仏教ともにシャマニズムを抜けきることができないでいる。だから、そのシャマニズムを独自に理論化し、儀式体系を作り上げた儒教を受け入れることに抵抗がなかった。いや、圧倒的に強力な中国文化の代表としての儒教を受け入れざるをえなかった。

しかし、儒教の持つ二元性、すなわち孝によって連結（本来は重層）していた道徳性と宗教性との二元による構造は、私によってはじめて明らかにされたのであって、従来の儒教研究者・儒学者・仏教者・神道家たちはそういう理解のしかたができなかったのである。

もちろん、これまで儒教の宗教性を論ずる人はいた。しかし、その宗教の概念はいっこうに明らかでなかった。仮にその概念を述べる人がいても、それはキリスト教神学流の〈唯一絶対者に対する絶対的信仰〉といったものにすぎない。その結果、孔子を教祖とする教団のようなものを考え、孔子教などと称したりするものさえあった。だから、儒教の本質をその発生期との連関において明らかにすることができないできた。それをシャマニズムとして最初に実証的に明らかにしたのは白川静先生たちである。この白川先生たちの業績を基礎にして、私は儒教の構造を組みたてていったのである。

その際、私にとって最大の問題となったのは、宗教とは何かという定義づけをすることであった。シャマニズムに基づく儒教の、そのシャマニズムはもとより、いわゆる世界宗教といわれるものに至るまでをすべて包括できる定義でなくては普遍性がない。私は数々の人の、日本語で書かれた宗教書を読んでみたが、ほとんど千篇一律に、絶対者を想定し、その絶対者に対する帰依や信仰や組織的教団を持つことをもって宗教としていた。しかしそれではシャマニズムを説明できない。ではどうしているのかと言えば、なんとランクづけをして、宗教としては、キリスト教などの世界宗教が一流で、シャマニズムなどは三流、五流だと言うのである。

これは、キリスト教神学の傲岸さ以外のなにものでもない。しかも日本の多くの宗教学者は疑いもせず、従順にこうした考えに従っている。そのため、たとえばシャマニズムそのものの神道について、きちんと宗教的位置づけをすることが今もってできないでいる。あるいは、儒教がシャマニズムを基にしていることを知らないものであるから、儒教は宗教というよりも道徳論であるなどといまだに埒《らち》もないことを言っている。

私は、〈宗教とは、死および死後の説明者である〉と定義している。それは、宗教にランクなどはないという立場である。文化相対主義をもじって言えば、宗教相対主義の立場である。ランクづけをせずにはおれないのは、キリスト教をはじめとして唯一絶対神を立てる宗教である。それはそうである。自己の宗教における本尊が唯一絶対最高なのであるから、他の宗教の本尊はそれ以下にすることが必要となる。それはとりもなおさず、宗教のランクづけとなり、自己の本尊を最高とすることになるからである。

その結果、わざわざ戦争まで起して他宗教を倒したり、あるいは無理に改宗させたりするのである。そういう力ずくで広げたりなどして、どうして世界宗教などと言えるのであろうか。第一、キリスト教・イスラム教・仏教が世界宗教でないことは現実が示している。キリスト教の信者は減っているし、イスラム教は特定地域的であり、仏教はインドにおいてほとんど滅んでいるではないか。仏教が自分の誕生の地において滅びるに至っていて、どうして世界宗教と言えるのであろうか。

〈家の宗教〉としての儒教

世界宗教などという、そういうつまらないことを儒教は言わなかった。儒教は教団などを作らず、徹底して各自の〈家の宗教〉として在り続けた。シャマニズムに基づき家において祖先祭祀を行なうことに徹した。それを受け入れたのは東北アジアという特定地域であり、その地域をゆるやかに結びつけたのである。

儒教におけるその祭祀の場は一族の長の家にある宗廟《そうびょう》である。だから、家とは別に作られた寺院（仏教）や道観（道教）や教会などの集会所は不要であった。その宗廟は後に祀堂《しどう》や祀壇《しだん》となり、それを取り入れた仏教は祖堂を作る。さらには日本では仏間ともなる。その仏間に置かれた仏壇が一般化され、今日のいわゆる仏壇として一般家庭に普及している。

換言すれば、儒教的仏教、あるいは仏教的儒教、これが日本仏教の大半の姿なのであり、そのような形で日本人は儒教シャマニズムを仏教においても実質化してきたのである。もちろん、日本仏教は一〇〇パーセント儒教ではない。私の見るところ、一割が救済を求めてのインド仏教、一割が現世利益的幸福を求めて祈禱や護符をいただく道教、八割が祖先祭祀（先祖供養・墓・葬儀）の儒教というところであろう。

と述べると、必ず反撥の声が起るであろう、特に仏教学者や僧侶から。当然である。しかしそこに落し穴がある。仏教学者や僧侶が日本仏教の中心はインド仏教であると主張しても、それは仏教学者や僧侶の認識にすぎない。圧倒的多数の在家信者は、祈禱・護符・先祖供養・墓・葬儀を〈仏教〉に期待しているのであって、心の救済を仏教に求めるものは少数である。それが現実であることを、恐れずに認めるべきである。第一、日本の寺院経済は祈禱・先祖供養・墓など在家信者の期待によって成り立っているではないか。

仏教関係者をはじめ、世の人々は、〈葬式仏教〉であってはいけないと言う。愚かな意見である。葬式仏教であることのどこがいけないのか。日本人はそれをこそ求めているのではないのか。

〈家の宗教〉としての儒教のシャマニズムは、日本仏教の〈死に関する儀礼〉と混淆して生きている。日本人はそういう形で受け入れてきているのである。その要求に応えずして、何をするというのか。

この八十年、先の第二次世界大戦の終結後、参戦することのなかった平和な現代日本である。医療の高度化によって病は相当に追い払った。経済成長によって〈赤貧〉ということばは死語となった。国内治安はいい。しかし、だれにでも必ず死が訪れる。その恐怖、その不安、これだけは絶対に逃れることのできないものである。その〈死〉に関わってこそ、宗教ではないのか。日本仏教が儒教シャマニズムを取り入れているのは、東北アジア人の死生観（招魂再生。魂降しによる現世への帰還等）に応えるためなのであって、それを象徴するのが〈葬式仏教〉である。圭室諦成の名著『葬式仏教』（大法輪閣・昭和三十八年第一刷）は〈葬式仏教〉に対して批判的であるが、その最後をこう結んでいる。明治維新後に檀家制廃止があったが、「それから約一〇〇年、葬祭宗教としての仏教の地位は、依然として牢固たるものである」と。

以上、儒教について長く述べてきたが、この〈家の宗教〉としての儒教が、家族について考えるとき、最も重要な手がかりとなるのである。そこで、まず、最初は、〈家〉という点で、出家と在家との関係についてが問題である。そのことを次章において述べることにする。

第二章　出家と在家と

儒教文化圏としての東北アジア

中国・朝鮮半島そして日本（ベトナム北部はしばらく省いておく）——この地域を私は東北アジアと呼び、東南アジアと区別している。と言うのは、両者の文化が異なるからである。東北アジアは儒教という共通性によって緩やかながら結ばれている。すなわち儒教文化圏である。これに反して、東南アジアは、土着の人々の上に儒教のみならずイスラム教・ヒンズー教・小乗仏教・キリスト教等の網がかぶさっており、一つの文化によって東南アジアをくくることは困難である。もちろん、東北アジアと東南アジアとをくくって東アジアと言うのは、さらに共通する文化的実体がなく、単なる自然地理学的表現にすぎない。東アジアとは言わず、東北アジアと東南アジアとに区別すべきである。

このように私がこだわるのは、東北アジアが儒教文化圏という独特の地域であるからである。この、歴史的に儒教文化圏であることを背景として、たとえば今日の日本の宗教問題が発生しているのである。現代の宗教だけを見ていては、あえて言えば、儒教の宗教性を抜きにしては、けっして東北アジア、さしあたりはわれわれ日本における諸宗教問題に対処できないのである。

しかも、出家と在家との鮮やかな対比にこそ、日本の家族の問題が潜んでいるのである。

今日、家族の問題を論ずる人の多くは、心理学・教育学・社会学・法律学等々、〈知識〉に基づいた人たちである。しかし、そのような表層的材料による議論だけでは、家族の問題を解くことはできない。私は、伝統的儒教を切り口にして東北アジア人の深層を考えてゆくべきと思っている。

それには、まず東北アジアの歴史的特徴の理解が必要である。すなわち、非常に早い時期（西暦前三世紀末）に、中国において中央集権的な統一国家が登場し、以後、やがて朝鮮半島・日本においても同様となった歴史である。中国・朝鮮半島・日本のそれぞれが、ほぼ同一地域に、ほぼ同一民族が政権を持続し、現代に至っている。これが東北アジア以外の地域と大きく異なる点である。すなわち民族における歴史の継承性が強烈な点である。

実は、このこと自身が儒教的なのである。と言うのは、儒教は、前章で述べたように、祖先祭祀と子孫・一族の繁栄とを軸とする生命の連続に最大の価値を置くからである。すなわち、元来、儒教そのものが歴史的感覚が豊かなのである。

宗教に対する政治の優位

話を元にもどすと、中国における最初の中央集権的統一国家が前三世紀の秦・漢帝国である。その頂上にあるのが皇帝である。まさに〈帝《みかど》の国〉すなわち帝国を作った。この皇帝は〈天の子〉すなわち天子として政権を有する。それを保証するのが、天子の父すなわち天である。この天は、具体的には上帝という最高神として表現される。この上帝や皇帝の実父母等を除いて、他のあらゆるものは、皇帝に隷属する。ありていに言えば、上帝さえも皇帝の自由となる。と言うのは、天・上帝を祭ることができるのは天子のみであり、語弊はあるが、上帝は皇帝の所有物と言ってもよいからである。当然、庶民に天の思想などはない。天を祭るなどというのは、とんでもない不敬な許されざることなのである。

となると、事実上、皇帝はすべてを支配することとなる。この〈すべて〉の中に宗教ならびに宗教者が含まれることは言うまでもない。朝鮮の王も、日本の天皇（あるいは幕府など政権代行者）も、同じ意識を持つ。ここのところが、東北アジアが他の地域と決定的に異なる点なのである。ヨーロッパ大陸ではまったく逆に、宗教（ローマ教皇・カトリック）が政治（諸国王）を支配してきたのである。いわゆる政教分離とは、政治が宗教から独立することだったのである。日本で言う政教分離とは、逆に、宗教が政治から独立したいという意味である。

南アジアのインドでは、クシャトリア（王・貴族）よりもバラモン（宗教者）のほうが上である。キリスト教文化圏では、俗（王・貴族）の地域に聖（教会・聖職者）の組織が重なって存在している。俗は聖に下手に手出しをすることはできなかった。それどころか、キリスト教最盛期には、ローマ教皇の権威と実力とは地上の王たちを圧していた。もっとも、王たちがしだいに力を持ってゆくことになるが。

これに反して、秦・漢帝国に始まり二千年余の中国の諸王朝において、宗教ならびに宗教者は、終始、政治ならびに皇帝の支配下にあった。もし宗教が政治から独立しようとでもするものなら、換言すれば、民が皇帝以上に崇めるものを持とうとでもするものならば、それは皇帝を否定することとなるので、厳しい弾圧が待っていたのである。

たとえば、中国仏教史において、「三武一宗《さんぶいっそう》の難」ということばがある。これは、「武」という文字がつく三人の皇帝（北魏の太武帝・北周の武帝・唐の武宗）と、後周の世宗の「宗」とを併せたことばであり、この四人の皇帝によるすさまじい弾圧の法難を表わしている。

皇帝たちは、仏教が崇める仏を「胡神」（野蛮な外国の神）として退ける。その弾圧の発端は現代にも通じていて、ことがらにいろいろと似たところがあり、なかなか興味深い。Ｊ・デ・ホロート著『中国における宗教受難史』（牧尾良海訳・国書刊行会・昭和五十五年・二四頁）はたとえば、以下の引用のようにこう記している。なお、仏教では酒は麻薬・毒物みたいなものであり修行や十戒律のじゃまになるものとして禁じている。

「近くの僧院の一側房（ある部屋）の中で武器類が発見せられた。皇帝は、之《これ》こそ僧侶が叛乱（軍）と提携している証拠なりと判断した。そこで役人たちは僧侶を調べあげて法を執行した。僧院は略取（没収）せられ、大量の酒造道具とともに州郡の富豪貴族らの寄託した隠匿物資も沢山見つけ出された。彼ら（役人）が発見した密室は、僧侶と良家の婦女との密会の場に充てられていたのである」

皇帝が、自分以上の最高存在を認め、人々がそれを崇めることを許しては、自己の存在意義が危うくなる。だからこそ、いかなるものも皇帝の下に置くことを求めたのである。もっとも、中には仏教を尊崇した皇帝もいたけれども、それは唯一絶対最高者を認めるという意味ではなくて、神々の内の一つとしてという解釈の下である。東北アジアは多神教であり、さまざまな神が役割分担をし、現世利益的な働きをするものとして存在する。そのような神の一つとして胡神（すなわち仏）を位置づけたにすぎない。後世、キリスト教の布教を許したのも、唯一最高神の存在を認めたからではなくて、多神教の感覚で、神の一つを崇める宗教として理解したからである。この誤解が後に大問題を生むが説明は省略する。

さらには、ただ弾圧するだけでは反乱予備軍を作るようなものであるから、仏教者を野に追いやるのではなくて、積極的に体制内に取りこむ努力を行なうようになる。

まず、僧院は（道教の道観も）、官の許可がなければ建立できないとし、僧侶は（道教の道士も）、度牒《どちょう》と称する官許状を持たなければならないとした。度牒は国家が発行する免許状であり、それを給付するというのは、官僧（公務員僧侶）にすることである。すなわち、体制内に組みこみ、すべては国家のために働くことになる。当然、役職が与えられ組織化される。たとえば、僧侶の長官は僧綱（道教では道紀）、高位の者は僧正（道教では道正）と称せられる。

もちろん、こういう官僧ではなくて、自分の決心で出家する者がいたが、無許可であるから度牒が発給されない。こういう僧はいわゆる私度《しど》僧であって、僧侶の正式の身分を持っていない。要は、勝手に僧となって課税を逃れようとしたり、勝手に建てた建物の中で勝手なことをすることは許さないというわけである。だから、官僧は官寺の中でただ静かに仏教を勉学すればそれでよいとする。

こうしたシステム、すなわち政治が宗教を管理することは、中国において非常に早くからできており、日本においても、たとえば中国を模倣して律令制が成立したとき、僧尼令を作り、管理のための度牒の発行も行なわれているし、当時の僧官の称号なども、今日の宗教法人がすでに民間団体となったにもかかわらず踏襲し、形を変えながらもその制度を作っている。たとえば、大僧正《そうじょう》、権《ごんの》大僧正、中僧正……中僧都《そうず》、権中僧都……というふうに。

反社会的宗教を許さない国民感情

こうした経緯と歴史的事実とが、東北アジアにおける人々の宗教に対する感情や意識を独特の形で作りあげてゆくようになる。すなわち、政治を乱すような反社会的宗教は絶対に許さないという政治主義的感覚である。

しかし、儒教を例外として、本来、多くの宗教には反社会的なところがある。①崇める最高者を現世以外に求めること、②独自の集団を作ること、③集会所を独自に持つこと、がそれである。

なぜなら、それら三点は、①′現実の国家組織、②′家族、③′家庭、に対して、それぞれ対峙《たいじ》する可能性があるからである。事実、古来、抹殺されようとした、あるいは抹殺された宗教は、①と①′と、②と②′と、③と③′との対立であったことが多い。

もちろん、こうした対立は全世界的にあるだろう。反社会的宗教を許さないことはもちろんである。しかし、東北アジアにおいては、その長い歴史において宗教は政治に管理され従うべきものと人々は肌で実感し了解してきた。その点、他の地域よりも、この対立に対して、より敏感であり、政治を絶対的に優先させる。それは国民感情と一致する。

類型的に言えば、東北アジアにおける〈お上《かみ》〉優先意識は、あらゆる領域に浸透しており、それを改めるなどということは、ほとんど不可能である。事実、たとえば経団連など財界指導者は、官僚規制の撤廃を唱える舌の根も乾かぬうちに、経済問題がうまくゆかなくなると早速に政府の対策をお願いとくる。国民一般にしても、おそらく官僚規制撤廃よりも官僚指導の道を選ぶことであろう。宗教に対してもそうである。或る宗教集団が反社会的であると見た瞬間、宗教としての教義の検討などにはあまり関心がなく、すぐ〈政治の下にある宗教〉としていかがなものかという視点で見ることとなる。具体的に言えば、それは、刑法上の罪を念頭においた法的視点である。もし問題となる教団が登場すると、それに対する国民の目は、ほとんど当局側の目と同じであり、なんとか早くヤッツケロと思っている。

この法の意識自身もまた東北アジア独特のものである。すなわち、歴史の早い時点で中央集権的統一国家が成立し、法は国家の統治手段として意識されてきたのであり、現代においても依然としてそのように意識され、機能している。法を統治のために使うことに抵抗感がない。人権などという感覚は稀薄である。別件逮捕であろうと、予備罪であろうと、質などは問わない。大半の国民は実は心の中でこう思っている。「お上の事には間違はございますまいから」（森鷗外「最後の一句」）と。

それと対照的に言えば、欧米人は契約を重んじるので、〈その契約を保証するものとしての法〉というような意識、あるいは、個人主義に基づいて自己を守るための、すなわち人権擁護のためというような法意識を持っている。それとはまったく異なる法意識を持っているのが、われわれ東北アジア人なのである。それをだれが非難できようか。欧米人は、自分たちの法意識を近代的と称して優位に置こうとしている。しかし、あえて言えば文化（生きかた）の相違なのであって、法意識において進んでいるとか遅れているとかなどという上下はない。

いや、事は法の問題だけではない。前記対立点の内の、②と②′と、③と③′と、この両者においてもまた、東北アジア独特の文化論的問題が、その内側に潜んでいる。それは、家族・家庭の問題である。東北アジア独特の家族観がそこに関わっているのである。

家族関係を支える原感覚とは

人間は生物である以上、生物としての基本を離れるわけにはいかない。その基本中の基本は、生命の連続への欲求である。その欲求を満たすために、生物的には、まず生殖活動がある。しかし、生殖活動だけで生命の連続が保証されるわけではない。外敵の攻撃からの防御や、病気の治療、あるいは異性との出会いの設定や合意といった精神的な支援が必要である。その精神的支援によって、より生殖活動が有効となる。

子が成長し、巣立ちをしてゆくという動物一般の生活と人間の生活との大きな相違は、人間は人為的に生命の連続を図るところにある。もちろん、集団生活をする動物には、集団の規律があるが、非常に単純なものである。人間だけが動物一般とはまったく違った複雑な規律を作っている。

すなわち、人間生活は不自然というところから始まっているのである。生殖活動があり、子が生れ、巣立ってゆけば、親子の関係が消滅するはずである。それが自然なのである。ところが、人間は、子の巣立ち以後も家族関係を維持してゆく。これは、動物一般の生活を自然とするならば、きわめて不自然である。換言すれば、人為的である。

つまり、家族ということばの意味は、二つに大別される。生殖から巣立ちまでの自然的家族と、その家族関係を精神的に維持してゆく人為的家族とである。

この人為的家族を基礎単位として、人間はその上級のクラスの社会をつぎつぎと作ってゆき、ついには国家を作り、今日では、国連という組織まで作っている。こうした人為的諸組織・諸機構は、結局は、生命の連続のために作られてきたものである。

話を元にもどすと、人為的家族は、人為的であるがゆえに、それを維持してゆくための約束・規則を作ってゆく。今日のことばで言えば、道徳・法律・制度等々である。中国人の場合は、それらをひっくるめて礼と称した。

こうした人為的家族（以下、「家族」と記す）が人間生活の一般的な形である以上、人間の生きかた（文化）として、家族主義が普通である。全世界において、そのことがほぼ言える。個人主義のキリスト教文化圏は別として。

ところが、約束・ルール（道徳・法律・制度など）は、知的なものであるから、暴力とか新しい論理（詭弁を含む）に弱いし、生命をかけて守る価値を生み出すほどの劇的なものではない。作りものの弱さである。

そこで、こうした知的な約束を支えるものとして、人間の内面的な欲求――換言すれば、情的・感覚的なものが必要となる。いわば、原感覚を捉え、それと連動しての〈人間生活上の約束〉を作らなければ、人々を引っぱってゆくことはできない。どんなにりっぱな知的ルールを作っても、それを運営する人間の内面的真実や欲求と真につながっていなければ、絵に描いた餅にすぎない。

では、人間のそうした原感覚を捉え得るものは何かと言えば、その代表こそ宗教なのである。人間にはまず心の奥底に宗教的性格がある。また、人間には民族的特性があり、その民族的特性にみごとに合致したとき、その民族の強い支持を得て、民族宗教あるいは地域宗教となる。世界の正面《まとも》な諸宗教は、すべてそういう状況の下で生まれてきた。

そうした宗教の上に、家族の約束ごと、すなわち家族関係や家族道徳等々が作られてゆく。さらには国家など上級の社会の約束ごとが作られてゆく。もちろん、はじめから体系的にできあがっているわけではなくて、長い時間をかけて作りあげられてゆく。その典型を、中国では儒教において見ることができる。儒教は、さらに東北アジア地域に広がり、東北アジアの民族によって微妙に相違しつつも、儒教文化圏として共通の宗教的意識や家族観を共有して今日に至っているのである。

家族とは生命の連続の実現

さて儒教は、死後の魂の存在を認める。だから、祭祀して魂をこの世に呼びもどし遺族は出会うことができる。魂降《たまおろ》し（シャマニズム）である。これが祖先祭祀となる。中国仏教や日本仏教はそれを取り入れて先祖供養をすることとなる。それは、仏教の布教を拡大するために最も有効な方法だったからである。

しかし、注意すべきことがある。儒教が認めている魂は、この世に呼びもどしたあと、再び散ってゆくが、あくまでも天空の下にあり、常にこの世にいる。だが仏教では、魂（意識）は輪廻転生《りんねてんしょう》する。もし解脱できれば仏となるが、解脱できない者は六道（六つの世界）のどこかに輪廻転生する。六道の一つが地獄。だから、仏教を信ずる者は地獄の存在を認めることになるが、儒教は地獄などというものを認めないから、仏師から「地獄に落ちるぞ」と言われても、別にどうということはなかったのであった。

では、肉体のほうはどうなるのか。仏教では魂（意識）だけが輪廻転生してゆくのであり、肉体は乗り物にすぎず、死ねば焼いて捨てるまでである。墓などは作らない。儒教ではこう考える。子は親の肉体のコピーであると。だから、子孫あるいは一族が後世に生き続けるならば、自分自身はいつかは死を迎え個体としては消滅するが、遺体（遺《のこ》した身体）はこの世に生き続けることができるとする。

このように、儒教では、死後、魂はこの世に存在し、子孫・一族が祭祀してくれれば、いつでもこの現世に帰ってくることができるとし、肉体は子孫・一族が続くことによって、この世に生き残り続けうるとした。こうして、魂・肉体ともにこの世に存在し続けうるとして、死および死後の説明をなしとげ、東北アジア人の死の恐怖や不安を取り除いた。だからこそ儒教は東北アジア人に支持されてきたのである。中国仏教・日本仏教ともに、インドが生んだ仏教原理とは異なりつつ、先祖供養など儒教的儀礼を取り入れざるをえなかったのは、儒教文化の壁が厚かったためである。

後にキリスト教が中国において布教活動していたとき、中国人の祖先祭祀を認めてほしいと多くの布教師がローマ教皇庁に懇願したが、すべて拒否されたという。

さて、上述のような宗教性に基づくと、儒教は、祖先祭祀と子孫・一族の繁栄を軸とする生命の連続に最大の価値を置くということがよく分るであろう。この価値の表現の場こそ、家庭であり、家庭を構成する家族を神聖視することとなる。この点が重要である。さらに言えば、家族は生命の連続の実現であるから、一人一人の人間は、個人としてではなくて、個体として家族の中にあるとする。この個体のエゴに対しては家族が抑止力となった。そういう形で、儒教の家族主義が成立したのである。

念のために付言すると、中国の伝統的概念では〈家族〉とは一族のことである。現代の少人数の〈核家族〉とは全く異なり、親族一同とは数百人、いや数千人レベルの巨大集団であった。この巨大な集団である己れの一族に反抗することなど、よほどの場合以外は、あり得ない。もちろん、仕事の多くは、この一族集団の中で回しあっていたのであった。

こうした儒教原理から言えば、たとい子がいなくてもどうということはない。一族が続いてゆくのであればそれでよいわけであるし、子が必要ならば養子縁組すればすむことである。むやみに子を欲しがるのは、動物的生殖論にすぎず、儒教原理に即しているわけではない。

世界的に見るとき、キリスト教文化圏以外の地域は、家族主義であろうが、儒教の家族主義は、祖先以来現在へと続き、さらに子孫・一族以後へ連綿と続く生命の連続への期待を核とする歴史感覚豊かなものであり、他の文化圏における家族主義とは性格を異にしている。

なぜ出家より在家を善しとするか

さて、仏教の場合、その原感覚は、この世を苦の世界と見ることである。苦とはこの世に常なるものはなくて絶えず変化する諸行無常ということである。酷熱の、物的に貧しいインドの現実とぴったりである。人間は生まれては死に、死んでは生まれるものの、それは苦の世界における生死をくりかえすことなのである。来世があると言っても、それは苦の来世のことなのである。その苦しみから解き放たれ脱出しようとする努力がさまざまに行なわれる。その一つが、大いなる苦であるところの執着をば棄てることである。財物を愛着し家族に執着することと縁を切ることの表現が出家である。出家は、仏教原理の究極の姿である。

しかし、この出家こそ儒教との大争点となるのである。それはおのずと明らかである。上述してきたように、儒教は家族・家庭を神聖視する。どんなに疲れていても辛くとも家庭を守ることを第一とする。それは死生観の上に立ったものであり、東北アジア人の文化（生きかた）の根本である。出家でなくて在家をこそ正しいとするのが儒教なのである。

ところが、出家とは、「家を出る」ことである。財産も社会関係もそして家族とも絶縁することである。もちろん、一人の行動なのであって、ピクニックにでも行くような調子で家族いっしょにとか、子連れとかといった〈家族つき、子連れの出家〉などというのは、出家ということばにとって形容矛盾であり、ナンセンスである。もし家族つきとか子連れとかの出家を善しとするならば、それは〈儒教的出家〉とでも表現すべき噴飯ものである。

イスラム原理主義という表現を参考にすれば、出家を究極のありかたとする主張は、仏教原理主義とでも称すべきものであろう。そのように名づけておく。仏教が西暦一、二世紀ごろに中国へ渡ってきたとき、仏教は原理主義的であったから、家族主義的儒教と文化衝突せざるをえなかった。

その大争点の一つが出家ということであった。家を出て、家を棄てるということは、祖霊を祭る廟《みたまや》や遺体を納めた墓も棄てることになる。それは、儒教的死生観の全否定ということになるのみならず、家族はどうなるのかという現実問題があった。また、出家者は頭髪を剃《そ》り落す。これが争点となる。なぜなら、先述したように、子は親の身体のコピーであるから、身体を傷つけないようにする努力が必要であった。だからこそ、儒教は「身体髪膚《しんたいはっぷ》、これを父母に受く。あえて毀傷《きしょう》せざる（傷つけない）は孝の始めなり」（『孝経』）と教えている。にもかかわらず、出家して故意に髪を剃り落すのは、親への侮辱、すなわち不孝となるのではないかと。つまり、出家は、精神・肉体の両方において儒教的ありかたの否定であるとしたのである。

儒教・仏教・道教の融和

ここから、儒教と仏教との激しい論争が始まる。在家対出家の論争とは、文化論的に言えば、家族主義的儒教文化と、この世を苦として家を棄て個人の解脱を求める仏教文化との尖鋭な対立のことなのである。

この儒・仏論争は、道教も加わって三教の論争になるが、五、六百年を経るうちに三教融和となってゆく。たとえば、仏教側が儒教の祖先祭祀を取り入れ、地獄等へ落ちた祖霊を救うという形で先祖供養を行なうようになる。三教交渉のその長い歴史は省略して、結論を言えば、日本仏教は、インド仏教と中国儒教との二本柱を立てているということに尽きる。

いや、それどころか、実質的には、日本仏教の七、八割（先祖供養・墓・葬礼など）は儒教であり、近年、ますますその傾向を強めている。とりわけ明治以後、仏教者は、在家的出家あるいは出家的在家のような形となっている。いわば、仏教原理主義と儒教家族主義との中間に位置している。

そのため、既成仏教の信者たちはいざとなると二つの方向へ振り分けられる。一つは、既成仏教に厭き足らず、仏教原理主義を求める人々である。進んで出家する人々である。ただしこれは全体から見れば少数である。また、死後に墓を作らず、山野に散骨する自然葬の主張をし実践している人々の考えも、死ねば身体は焼いて棄てる仏教原理主義に近い。しかしこれもまた少数である。圧倒的大部分の、自称仏教信者は、実は儒教的であるから、出家に対して異常な反応を示す。それは、心底において実は在家を善しとする反出家の気分があるからである。それはそうである。儒教徒は現世の全肯定であるから、暖かい家でおいしい食事をし、清潔な衣服を着、きちんとした教育を受け……ということを求める。すなわち在家の立場である。これに対して、出家とは、本来、襤褸《ぼろ》を着て、粗食をし、貧しい住まいで満足する。学校教育など問題にもしない。このように、在家と出家とは、根本的に〈生きかた〉すなわち文化が異なるのであって、そこに価値の上下はない。生きかたの相違の問題である。

日本人が呪術的なことに関心を持つ理由

或る教団は、修行を積むと空中浮遊ができるという。中国が生んだ宗教である道教の中にそういう考えかたがある。神仙いわゆる仙人（仏教における解脱者と同じ）になると空を飛ぶことができるとする。因みに、宮廷において、唐・宋時代に、ブランコが最も流行し、「半仙戯《はんせんぎ》」と呼ばれた。ブランコ遊びは、空中にふわりと浮ぶので、あたかも仙人のような気分になるからということだったらしい。道教好きだった玄宗皇帝が仙人気分で楽しみ、それ以後一般庶民に普及した。ひょっとすると、愛された女性、楊貴妃も半仙戯を楽しんだかもしれない。人間にとって可能な空中浮遊とは、その程度のものである。

また、或る教団は水中で長く呼吸しないでいることができるという。水中ではないが、道教には、静かに横になって、呼吸回数を減らす修行があり、ついには長く呼吸しないままでいることができるようになる。もちろん、空中浮遊や水中における非常な長時間の呼吸停止などできるわけがない。

一方、既成宗教（仏教系、神道系を問わず）は現世利益的なことをよく行なう。お守りや厄除けの札などがそうであるが、その代表は祈禱である。これは心理的なものであって、そうした気分を必要とする以外、効くわけがない。これらは、ほとんど道教から来ている。

日本の宗教における超能力的なことや祈禱やまじないといったものには、道教の影がある。しかし、日本では道教そのものの教団や宗教活動がほとんどなく、神道や仏教の中に取りこまれているので、たいていはそれが道教からきていると気づかない。

では、どうして呪術的なことに日本人は関心を持ちやすいのかと言えば、その根源において、誤解された儒教の死生観とのつながりがあると考える。それはこういう意味である。

儒教は死者の魂の存在を認める。ただし、魂は悪いことをしたりなどしない。仏教流に「お前の先祖は生前に悪いことをしたので悪霊になっている」などと言ったりすると大騒動である。儒教徒にとってはその祖先や子孫である自分への名誉毀損ものとなるからである。儒教の霊は常にこの世にいるのであって、しかも祖先祭祀のときにいつでも帰ってくることができる。ところが仏教が輪廻転生を言い、転生先に地獄があるだのと言うものだから、自分の先祖はひょっとしたら地獄にいるかもと思い（つまりは自分の先祖の行動を信用していないわけであるが）、まずこのあたりで話がごっちゃになる人が多いのである。儒教がはいっている日本仏教徒は特にそうである。

或る宗教者たちは、解脱が大変な難事であるのに、すぐ成就できるもののように言って人をだます。そして仏教的に解脱できずに輪廻転生している魂を成仏できない霊すなわち不成仏霊と称する。この不成仏霊と、儒教的に魂降し（祖先祭祀・先祖供養）して帰ってくる魂（霊）とをごちゃまぜにしてしまって、悪霊だの、浮遊霊だの、背後霊だの、さらには逆に守護霊だのと言いだすのである。儒教的には、そのような怪しげな霊（魂）は断じて存在しないにもかかわらず。あえて言おう、儒教は祖霊の存在を認め、それについては述べるものの、「怪力・乱神（超能力など）は語《つ》げず」（『論語』）なのである。

さらには、道教的祈禱を持ち出してきて、そういう不成仏霊だの悪霊だのを追い出せる、すなわち浄霊・除霊をすると言い出し、その料金として高額の金銭を要求するのである。そんな金銭を一円も払わなくても簡単に追い出せるのである。儒教をきちんと理解しさえすれば。

儒教、仏教、そして道教、ひいてはキリスト教等の、それぞれの魂の意味をきちんと整理して理解すれば、混乱は起こらないはずである。しかし、圧倒的多数の人々はごちゃまぜにして誤解している。いや、それどころか、仏教者自身においてもよく分っていない人がたくさんいるのである。

私は、東北アジア人の基本的宗教性として、儒教が言う魂の存在と魂降しとへの信仰がまずあると言いたい。これはそこに止まるかぎり問題はない。ところが、長い歴史的経緯の中で、仏教・道教の霊魂観と混淆し、除霊・浄霊を信ずる人が生れ、そのゆえに、できもしないのに除霊・浄霊を行なうという怪しげな霊能者や祈禱師が登場するようになる。そうした祈禱師たちが除霊・浄霊ができるには、霊視能力や超能力があるにちがいないと錯覚を起すのである。そしてできれば自分もそういう能力を持ちたいという子どものような願望が膨らんでゆく。

これは、誤った飛躍でつながっているのであるが、淵源としては、儒教の〈魂の存在を認める〉原感覚に基づく情的なものであって、いつの時代でも、そして高学歴者においても文科系であろうと理科系であろうと、知性とは関わりなく、東北アジア人のだれの心の底にも生きているものである。けっして今日だけの特殊現象ではないと断言する。

＊　＊　＊

以上、儒教における家族の本質について死生観や宗教的観点から論じてきたが、以下の各章において、家族における老人・父・母・夫婦・子どもなどの問題の儒教的意味について述べてゆくことにする。

第三章　〈老い〉の悲しみと生きる気力と

1　認知症老親の介護

『恍惚の人』の題名をめぐって

日本の人口構造が頭でっかちとなりつつある。すなわち、老人層が増え、若年層が細くなっている逆三角形の構造へと移りつつある。いわゆる少子化現象である。

このような状況の中で、老人はしだいに肩身の狭い思いをしつつある。そういう気分、いや現実に対して、当然、それを描く文学が登場する。世にずいぶんと出ているが、注目を集めたのは、佐江衆一の『黄落』（新潮社・一九九五年）である。老人が老親を介護する体験に基づいており、複雑な事情も現われ、読む途中、何度も胸が迫って切なかった。

だが、こうした介護を要する老人の物語は、これまでに、何度も描かれている。たとえば、有吉佐和子の『恍惚の人』、そして丹羽文雄の『厭がらせの年齢』である。奇しくも、丹羽は、氏自身が老人性認知症に在り、家族の手厚い介護を受けていたという。

私は、ずいぶんと前、昭和四十七年ごろ、当時、ベストセラーであった『恍惚の人』を読んだ。そのころのことを想い出してみると、この題名を初め聞いたとき、それも、人生を誕生時に「お戻りになった」老人と、浮世にやっと生きている庶民の家族との関係が主題であるらしいことを知ったとき、ああ『老子』だな、と思った。

人生の達人、老子が会得した境地は〈道〉である。もっとも、「道」ということばで一応は表現されたものの、その概念を日常語で説明することは容易でない。なぜなら、〈道〉というものは、日常性を越えたものであるから、それを日常語で説明すること自身、もはや自己撞着《どうちゃく》（矛盾）に陥るからである。そのため、老子は、〈道〉の状態をさまざまに形容するという形で、その概念のイメージを伝えようとした。そこで、「道とは」という形式でその状態がさまざまに語られ、それが『老子』という書物となって今日に伝えられている。

この『老子』中に、つぎのような有名なことばがある。「道の物（象）たるや、ただ恍《こう》たるかな、ただ惚《こつ》たるかな」と。『恍惚の人』の題名の典拠が『老子』であろうと思ったのはこのためである。また、老子が幼児の無邪気さ、樸《あらき》（荒木。加工していない木材）の質朴さ、飾りけのなさを理想としているということも『恍惚の人』の内容をより豊富にさせるとも思ったからである。
しかし、著者の有吉佐和子と平野謙（文芸評論家）との対談（同書付録）によれば、題名の由来は、頼山陽の『日本外史』の一節よりらしく、『老子』とは無関係であった。ところで、その題名の由来談において、有吉が興味深いことを述べているので抜き書きしてみる。

「耄碌《もうろく》という字があるんだから、支那にはあるのかなと思ってね。だけど四書五経のうちじゃ、『孝経』と『論語』しか読んでないし、『孝経』のいちばん最後に、親の死んだときのことは書いてあるけど、親が耄碌したときのことは何も書いてない。調べたら、あのころは三十、四十で人が死んでいるから耄碌するまで生きていない」

有吉佐和子は作家であるから、作品において虚構を作ることにとやかくいうつもりはない。しかし、事実に関する議論になると、日ごろ主要文献としての四書五経を研究している者として、四書五経の名誉――残念ながら『孝経』は四書五経の中にはいっていないが――のために、一言弁明したくなる。

まず年齢の点であるが、五経の一つである『礼記《らいき》』の中に世代の呼称を述べているところがある。十代から順番に述べ、五十代を「艾《がい》」、六十代を「耆《き》」、七十代を「老」、そして、八十代、九十代を「耄《もう》」という。この「耄」とは、後漢時代の鄭玄《じょうげん》という大注釈家の説によれば、「惛忘《こんぼう》」の状態である。この耄者と、七歳までの者（「悼《とう》」という）とに対して、『礼記』は「罪ありといえども、刑を加えず」と言う。これは、今日の我国においても慣例としてそのようである。さらに百歳代は「期」と言い、その状態は、鄭玄によれば「衣服食味を知らず」とある。だから八十を越えると、いわゆる「耄碌」の状態であるということであって、老人の耄碌問題は、昔から解決困難な問題としてずっと存在していたのである。因みに、「碌」とは「石のさま」である。

そこで、その解決案がいくつか出されてきたが、その中で有名なものが、たとえば『孝経』であり『論語』であった。ところが、有吉は『孝経』に失望されたようである。作家はなかなか直観が鋭く、『孝経』の本質を見抜いている。と言うのは、『孝経』は、一般の常識や予想に反して、世のいわゆる孝を説いた書物でないからである。これは乱暴な議論のようであるが本当だからしかたがない。もちろん、『孝経』から一節を切りとってそれのみを問題とするならば、孝を説いているということになるではあろう。しかし、私は、『孝経』全体を見てほしいと言いたいのである。全体という視野の中に置くと、『孝経』は、孝の具体的な行為を教えることを課題とするのではなくて、孝をイデオロギーとして体系化したもの、いわば孝主義を説いているということが分る。だから、およそ耄碌というような老人問題が出てくるはずがない。なぜなら、前提として、子が孝主義をちゃんと実践してさえおれば、耄碌問題は起らない、という論理と体系とだからである。

『孝経』という書物が、個人のレベルにおける孝の行為を説くことに関心が少なく、その行為がもたらす社会的関係の方に関心が大きい他の例を挙げておこう。『孝経』と言えば、本書に前引の「身体髪膚《しんたいはっぷ》これを父母に受く。あえて毀傷《きしょう》せざるは孝の始めなり」という有名なことばがある。これなど、普通は健康管理の格言のように扱われている。もちろん、それはそれでよいのだが、真相はそうではあるまい。犯罪者は、入墨《いれずみ》を始め、肉体的刑罰を受ける。ところが習慣として、肉体損傷者は、一族の墓地に葬らないことになっているので、犯罪者は、当然、死後において魂・魄の休まる場所がないということになる。すると、犯罪を起さないということは、死後、墓地をともにして家族と永遠を生きる第一条件を満たすことになる。これは、父母に対して孝であるとともに国家にとっても有用であるというわけである。これなど孝主義の端的な現われである。

大体、『孝経』は、漢帝国の成立（前二〇二年）前後にできあがったものである。すなわち、中国における最初の中央集権体制の国家形成とともに登場してきたわけであるから、その意図は、あくまでも「国家にとって孝とはどのような意味を持っているのか」という観点よりするものである。その結果、毫毛問題なき国家であるためのイデオロギーとして、孝を把えたのであった。

『論語』における〈孝〉の理想主義

これに比べて、『孝経』よりも数百年前、強力な中央集権制ではなくて諸侯分封制（いわゆる封建制）を基礎にしての都市国家時代の議論を集めた『論語』の場合は、孝と言っても、『孝経』のそれとは相当に異なる。『論語』の時代においては、端的に言えば、孝の概念が、もひとつはっきりしていなかったのである。『孝経』の場合と同じく、これも奇妙な議論のようであるが本当だからしかたがない。

『論語』を読めばすぐ分ることであるが、「孝を問う」という弟子の質問がしきりに出てくる。『論語』には、似た形式として他に「仁を問う」「政を問う」というものがある。このように、弟子の質問を受けている仁や、（孔子の考える）政治は、孔子が創出しようと思索に努力し続けたものである。とすれば、孝もまた同じく孔子においても思索が進行中であったと思われる。そのため、孔子の弟子に対する応答は、仁や政の場合と同じく一定しなかった。

私は、孔子が最後に辿りついた孝の概念は「祖先を祭り、子孫を生み、生命の連続を信じることによって死の不安を克服する」ということに集約されると考えている。しかし、そこに至るまでの間、思索の過程として、あるいは理想主義的に、あるいは感傷的に、じぐざぐとして述べられ、それが『論語』の中に残っている。そして一般には、この過程において説かれたことばがよく知られており、その理想主義のゆえに、時としてとてもついてゆけないという気持を抱かせることもある。『恍惚の人』の場合と同じく、認知症と家族との関係を描いた『厭がらせの年齢』の中で、丹羽文雄はこう書いている。

「孔子が孟武伯に向って、孝行を定義する時、孝は親に心配かけない……病気以外は親に心配をかけさせるなと説いている。生理上の病気同様に、人間には心の病気もしばしば起るものである。孝行をつくしたい相手が度々こちらの心に病気を起させる。その事実を、孔子は少しも重大には考えなかったようである」

『恍惚の人』では、八十四歳の老翁と嫁とが、『厭がらせの年齢』では、八十六歳の老女と女婿とが、つまり、血の直接つながっていない親族が、耄碌の問題を真剣に受けとめている。血がつながっていない一種の冷静な関係があるからだろうか、血縁者の方が、かえって、血迷う話となっている。これはみごとな洞察である。丹羽はさらに続けてこう書いている。「孔子はまた、子游に対して、……人として親に仕えるには親を敬うことを主にすること……と説明しているが、うめ女（加地注…主人公の名）の如く、あんまり永く生きすぎたために、日々の出来事をあまりに多く経験したために、生とは何のことやら判らなくなってしまった人間に対して、孔子流に敬うことは、偶像崇拝であろう」と。

丹羽は真宗寺院に生れたが、生母は旅役者と駆け落ちしてしまう。そのことが彼の文学作品の基調音となっている。そういう生母に対する丹羽のさまざまな複雑な思いの上に、戦後の儒教的体制への批判が加わっている。だから、呆《ぼ》けて繊維を裂くときの「微妙な手応えにうめ女は恍惚となった」ことに対して、「老人ホームという理想的な社会的施設」の実現を丹羽は期待している。それから二十年、老人ホーム建設ははかどらない上に、その老人ホームが老人問題の根本的解決にはならないことが分ってきた時点で、『恍惚の人』が現われた。その間、深沢七郎の『楢山節考《ならやまぶしこう》』が発表され、『厭がらせの年齢』者《しゃ》に対する物悲しい日本的解決、棄老伝説が語られる。それは、今日の状況、老人ホームへの棄老を日本的抒情に寄せて予言するものであった。そして、思えば『楢山節考』が書かれた時代は、我が国が高度経済成長へと歩み出そうとしたときでもあった。

さて、孝に対する丹羽の疑問は、『論語』の時代、孝とは何かと盛んに論じた状況と似ているように思う。と言うのは両者ともに、乱世における家族の解体の初期であるからである。第二次世界大戦後の我が国では、戸主制家族から現在の核家族へと、変動していった。中国古代では、大家族から、『孝経』成立期の漢代における、父母、妻子、兄弟、あるいは父子孫という範囲程度の家族へといずれもより小規模家族へという解体を遂げている。その初期に相当するわけである。その際、既成の文化が動揺し、もちろん倫理もそれを逃れ得なかった。そしてこの解体が進むにつれて観念や形式、あるいは政治的解決方法だけでは律しきれないところの、家族としてはそのままに打ち棄てるわけにはいかない老人問題であることが分ってくる。どうしようもない血のつながりである。そのとき、一つの宿命のような、あるいは人間であるがゆえに、主知の世界でなくて主情の世界の中で老人問題の解決を探ろうとするようになる。相手を〈恍惚の人〉と把えたとき、その知恵は極致に達する。すなわち、義務ということではなくて、生きてある者の無償の献身という深い知恵である。『恍惚の人』の主人公昭子もまた最後はそのような境地に達したようである。それを『論語』に対して言えば、『孟子』がそうであったと言えよう。

庶民が求めた孝子物語

『論語』における孝の議論は、より一般論的であって、老人問題、いや耄碌問題に見られる家族の葛藤の具体的物語はない。ところが『孟子』における孝は、そうした具体的な説話によって語られており、その上、飢えて凍えている老人の無惨な姿が、しばしば引き合いに出されている。これについて「七十の者、もって肉を食うべき」〔経済的に安定した〕生活を、「〔若い者が自分から進んで手助けしてくれるので〕頒《はん》白《ぱく》〔白髪まじり〕の者、道路に〔荷物を〕負戴せざる」道徳を、と孟子は熱っぽく語っている。そして、一方、耄碌者に対するときは、無償の献身を求めている。その説話こそ舜《しゅん》の伝説であった。

舜は、自分の結婚において、それを親に告げなかったらしい。この事件は、舜と両親との葛藤の激しかったことを示している。その舜は、継母とその連れ子、ならびに実父に虐待されたことになっている。舜が倉庫の屋根の修繕をしていたとき、彼らによってはしごを外され、火をつけられた。また井戸さらえをしていたとき、上から土を入れられるなどしている。

私は、この説話における父親はいわゆる耄碌者であろうと思う。「父親は頑（迷）」であり、その名を「瞽瞍《こそう》」と言う。「瞽」も「瞍」も盲目という意味である。もちろん、その盲目とは、肉体上のそれではなくて、事の善悪や分別ができないという意味の象徴である。舜の継母が、それをよいことにして父をけしかけ舜の財産を横領しようとするのであるが、舜は父を恨まず、「親に事《つか》うるの道をつくし、瞽瞍、よろこびをいたす」とある。それどころか、弟子の「舜、天子となり、……瞽瞍、人を殺さば、すなわちこれを如何《いかん》せん」という意地悪い質問に対して、孟子は「舜、天下を棄つるを視ること、なほ敝蹝《へいし》（破れ靴）を棄つるがごとし。ひそかに〔父を背〕負いて逃れ、海浜に遵《したが》いて〔そこに〕処り、終身、欣然《きんぜん》（喜びのさま）として楽しみて天下を忘る」という解釈を示している。この説話は、人間の生活が始まって以来、長い時間をかけて生み出した知恵、たとえば忍耐とか無償の献身といった、秘やかな思いの象徴として語られているように思う。

『論語』は孝を説くが、『孟子』は不孝も説く。不孝を説くということは、罪や、反省の経験を経たからであろう。『論語』の時代に作られた孝の概念は、具体的状況におかれたとき、あまりにも理想主義のゆえにさまざまな壁に行き当ったに違いない。そうした試行錯誤の果てに、『孟子』は、孝の概念や定義を越えて、倫理の基盤そのものである人間としてのありかたに接近していったのであろう。『厭がらせの年齢』から『恍惚の人』へという推移の類比として、私は『論語』から『孟子』への流れを思ってしまう。だからあえてさらに『恍惚の人』の流れの行きつく先を思うと、『孝経』の孝主義がどうしても浮んでくる。それは、これからの我が国の歩みが、どういう形をとってゆくかということに関わるものではあろうが。

しかし、『孟子』から『孝経』へという流れは、実は庶民の求めたものでない。それは国家が意識して作った流れである。それでは、庶民が求めた『孟子』からの流れは何であるかというと、それは孝子物語である。『孟子』の孝の世界、わけても孟子が解釈する舜の説話は、後に多く作られる孝子説話の源である。通俗書であるが、元代の『二十四孝』という書物が、第一番目に舜の話を載せていることは偶然でない。

中国の正史にはもちろんのこと、日本においてもさまざまに多量に記録されている孝子伝の大半は、庶民たちが耄者を世話した話、すなわち残酷物語の裏返しである。我が国の『本朝孝子伝』や『孝義録』を見ればそのことがよく分るであろう。姥捨《うばすて》という棄老説話は、孝子伝の奥底が、ふと見せた恐ろしい人間感情の深淵を示す屈折した孝子物語である。

耄碌という老人問題は、物質的な準備だけでは解決できそうにない。そして、物質的にということすら果し得なかった過去の庶民たちにとっては、孝子物語を累々と積み重ねる他はない。もちろん、血迷った家族のいろいろな考えや立場の激しいぶつかりあいがあったに違いない。その結果、結局は誰かが「恍惚の人」の面倒をみるということになる。幾分のヒューマニズムと幾分の憎悪との交錯のままに。『厭がらせの年齢』の美濃部や『恍惚の人』の昭子がやはりそうであった。「六親（一族、一家）和せずして〔かえって〕孝慈あり」ということであろうか。――これは『老子』のことばである。

2　〈老い〉こそめでたけれ

愛敬ただよう〈老子〉のイメージ

電車やバスに乗ると「善意の席」今は「優先席」などというものがある。それは、だいたいにおいて「老人席」という意味だ。はっきりとそう書けばいいのに、そうしないのは、「老人」と書くことになにか抵抗があるのだろう。

しかし、もともと「老」ということばには敬意がこもっているのである。だからこそ、「家老、老中、大老、元老」と言う。老人星という星などは、それが現われると天下泰平の兆しということになっている。

いや、敬意だけではない。なにかそこはかとない愛敬《あいきょう》さえも匂わせている。たとえば、老子という人物である。先ほども出てきた『老子』という書物の著者だ。もっとも、老子は存在しなかったという説が有力であるが、それは歴史学上のこと。古典の世界としては、生きていた人物である。

老子——そのイメージは、牛に乗って飄々《ひょうひょう》と旅する姿である。しかも、言うことは逆説的である。たとえば、「あまり大きな音を出すと、かえって聞えぬぞ」と。確かにそうだ。ボリュームいっぱいの音を立てられると、音楽なのか何なのか分らない。極端なのはだめだぞ、と言うのが老子である。

この老子、いろいろな伝説を生んでいる。その誕生伝説が有名だ。いざ誕生というとき、母親が、今の世は乱世ぞと教えたので、しばらく母の胎内にいることにした。そして何十年もたって、やっと生れてきたとき、白髪の老人であったという。何十年も臨月状態だった母親も大変だったが、なかなか姿を現わさず、胎内で長年月を過した老子もまた大物である。

若さを尊ぶ文化・老いを尊ぶ文化

老いということを中国で最も意識したのは、やはり儒教的世界であろう。たとえばアメリカのフロンティアスピリット（開拓者精神）という生きかた（文化）においては、実質的には若さがものを言った。いわゆる体力の優劣である。しかし、儒教を生んだ中国をはじめとして、儒教文化圏の朝鮮半島や日本における生きかた（文化）としては、体力や若さに大きな価値を置くということはなかった。逆に「若僧《わかぞう》」と呼んで低く見た。

儒教文化圏は早くから土地が開けていたので、農業が産業の中心であり、人々は定着していた。アメリカの場合のような西へ西へという開拓者精神は不要だった。

この農業と老人尊重とには深い関係があることは言うまでもない。農業は四季のめぐることを前提としての作業であるから、毎年、同じことをくりかえすことが基本である。となると、経験の多い者すなわち老人が尊ばれたのは当然であった。また、農業は共同作業であるから、その地域の多くの人々を結ぶ役割を果す人物が必要であった。となると、長年の評判ということが大切となる。当然、長老たちがその役割を果すこととなる。

すると、農業時代が終り、今日のような工業時代、とりわけ、熟練した経験がなくとも機械がその代りをするようになってきた現代においては、農業時代と異なり、長老が不要ではないかということになる。

事実、今はコンピューター制御がかつての熟練工以上の正確な判断を下している。たとえば印刷の場合、鉛の活字を一字一字ひろっていた技術は、ボタンを押すと字が現われてくるコンピューターによる技術に勝てない。ボタンを押せばすむ今は或る意味では素人の時代である。

と書きつらねると、老人の立場について悲観的に見えるが、そうではない。文明と文化との関係をきちんと整理すれば、である。

複雑になった現代と異なり、かつての時代では、文化（生きかた）と文明（技術）とが、ほぼ重なっていた。その文明も、どこでも農業をしていた時代では、農業技術にそんなに差はなかったのである。ところが、蒸気機関車に始まり欧米工業文明が先進的に発展してから、様相が一変する。機械文明（欧米文明）が文明の規準となってしまい、文明の差ができてしまった。そこで人々は錯覚を起した。高い文明（技術）を持っている地域はその文化（生きかた）もまた高い、と。

完全な錯覚である。たとえば、自然を崇拝するという文化を持った地域の人々が、自然に対して敬虔な祈りを捧げることと、自然の山野をつぶしてホールを作って踊りにふける文化と、どちらが上とも下とも言えない。要するに文化の相違であり、文化に上下はない。

ただし、文明には上下がある。これははっきりしている。矢より鉄砲が勝つに決っている。

日本は、明治維新以来、積極的に欧米文明を取り入れてきた。それはまちがっていない。しかし、文化は別だ。一部の、文明即文化と錯覚した人々は、欧米文明の輸入と同時に、欧米文化の模倣に走った。けれども、大部分の日本人は、文化まで変えようとは思わなかった。文化とは生きかたなのであるから、そう簡単に変えることができるものではない。

3　日本人の生きかた

家族の中にリンクされて生きる

明治維新まで、日本人には歴《れっき》とした文化があった。それは儒教文化である。と言うよりも、中国・朝鮮半島・日本という東北アジア地域には、他の文化の育ちようがなかったのである。

その儒教文化について、とりわけ死について本書ではすでに述べてきた。この死の対極にある生について、今一度、ここで述べておきたい。

儒教は生についての独自の考えを持っている。それは、子どもの身体は親の身体のコピー（遺体《いたい》。遺《のこ》した体《からだ》）であるという考えかたである。

突飛な考えのように見えるがそうではない。イギリスの現代の生物学者、リチャード・ドーキンスはこう言っている。生物は、自分の遺伝子を残すために、肉体という乗り物をつぎつぎと乗り換えていっていると。この乗り物とは、すなわち子孫の身体のことである。遺伝子は自分の子孫を絶えず作り、それに乗り換えることをくりかえす。それが生物だという。そこで「利己的遺伝子」と訳されている。

ドーキンスのこの利己的遺伝子の考えかたと、儒教の生命観、子孫観との間には全く偶然ながら共通するものがある。たとえば、儒教において、祖父母と孫との関係は重要である。専門的なことなので省略するが、孫は祖父母の化身なのである。孫が誕生するというのは、己れの生命が自分の子の世代を越え、確実に遠い世代に伝えられたことを意味している。

このように、祖先祭祀という祖先とのつながり、遺体（遺《のこ》した体《からだ》）という子孫とのつながり、この二つのつながりの中で生きているのが、東北アジアの家族なのである。各自は、〈個人〉ではなくて家族の中の〈個体〉とでも言うべきものであろう。個体は独立しているのではなくて、家族の中にリンクされて存在し機能しているのである。

このようにして儒教の生命観、死についての考え、あわせて言えば死生観を背景にした家族観が生れてきたのである。そこでは、老人は祖先のモデルである。若い人から見れば、自分の過去をずっと背負ってきた人である。

つまり、老人とは、子や孫にとって、いわば自分自身なのである。それは生命の連続の自覚ということであり、儒教的文化圏において老人が大切にされてきた根本的理由はそこにある。すなわち、単なる物理的存在としての老人ではなくて〈生命の連続としての存在〉そういう老人なのである。

となると、人生ずいぶんと気楽になる。老人だからよく病気をする、いずれは死にも直面する。そのとき、儒教的にこう考えるのが一つの知恵である。

自分は個体として老いて病んで死ぬ。これはやむをえない。しかし、子孫があるとするならば、自分の体はそこに遺《のこ》っているのであるから、自分の身体は、形を変えて生き残ることとなる。その子孫がもし百年後、千年後と続くならば、自分もまた生き残り続けることとなるではないか。生命の連続としてである。

では子孫のない人はどうなるのか。よくある質問だ。しかし結婚をしなかった人も含めて、子がなくても問題でない。一族があればそれでよいではないか。己れと一族とは血でつながっているのである。その一族を愛すること、儒教はそれを強く言うのである。

肉体に対して、もう一つ精神として魂がある。このほうはどうなるかと言えば、祖先祭祀（日本仏教流に言えば先祖供養）によって、なつかしいこの世に再び、いや何度でも帰ってくることができるではないか。まともな家族関係があれば、家族はきっと祖先祭祀を行なうであろう。そういう家族関係を作ることが大切となろう。

精神も肉体も、日々の良い家族関係を作ることによって安定するというのが、儒教の知恵なのである。

サッカーに求める熱き人間関係

しかし、現在はこうした家族観、死生観に根ざした儒教的家族観が忘れられているのではあるまいか。それも老人自身が忘れているのではなかろうか。

平成に入ってから盛んとなったサッカーの試合をテレビで見るがいい。サポーターと称する若い観客がなぜあんなに燃えているのか。野球と異なり、たかがボールを蹴るだけという単純なゲームが面白いからではあるまい。助け合って得点をしたときの選手たちの喜びよう、抱き合い率直に感謝する姿――そこには、人々が久しく忘れていたもの、遠く昔に、どこかに置き忘れてきてしまったもの、すなわち共同体の熱い姿がある。

自分たちの家族や友人関係にもそうした熱い姿がほしい――その気持の代替物として、サッカー試合中の選手たちの抱きあう姿に共感しているのではなかろうか。熱い人間関係を求め、熱狂しているのだと考える。

であるならば、若い人たちも、儒教文化圏の中で生れ育っている以上、死生観に根ざした儒教的家族観、ひいてはそうした熱い家族の中の老人や若者の位置づけ、意味づけを理解することができると私は信じている。

しかし、大半の人々は儒教のそうした知恵を知らないでいる。儒教はあくまでも家族（もちろん老人を含めて）と共に生き、家族の幸福を求める。すなわち、儒教は祖先祭祀を重視する宗教であると同時に、家族との〈共生の幸福論〉なのである。

老人ということばを聞くと、私はいつも二つのことばを想い出す。一つは戦略家の管仲のことば「老馬の智　用うべし」（『韓非子』）である。帰国中、大雪のために道に迷った軍隊があった。そのとき、老馬は道を知っているからと綱を切って自由に先導させたところ、無事、故国へ帰ることができたという話である。

いま一つは、中国は古代、蘧伯玉《きよはくぎよく》という人物のことば「年《とし》五十にして四十九年の非《ひ》なるを知る」（『淮南子《えなんじ》』）である。このことばだけを見ると反省というひびきだが、後世では〈またやりなおし〉という明るい気分で使われている。現代語に翻訳すれば、こうなるだろう。「私の人生において、今日より若い日はない」と。

東北アジアの老人こそ、〈生命の連続〉の中で安らぎ、知恵や夢を静かに持って生きているのである。

第四章　儒教に学ぶ〈父性の復権〉

〈父性〉とは時空を超えた人間の知恵

林道義著『父性の復権』（中公新書・一九九六年）は名著である。混乱する現代の家族の問題に対して、大いなる道を示した。著者の林道義は深層心理学の専門家であり、こう述べる。

集団には中心が必要である。その中心とは、価値観の中心であり、司令塔である。家族集団においては、父がその役割を果すべきである。父が中心にふさわしいのは、生物学的に見て男性は体力があり、平均して女性よりも抽象的能力がすぐれているからである。

そうした父は、家族をまとめあげる構成力を持てるかどうかが非常に重要となる。いや、構成力だけではなくて、文化や伝統の継承者であり、社会の宗教的・倫理的・政治的・社会的構造を代表し維持する――と。もちろん、この他に、全体的・客観的視点や指導力等々、具体的条件が語られている。

つまり、〈父性〉ということばが示すように、〈父《ちち》〉ということではなくて、〈父《ちち》的なるもの〉が、現在の日本の家族に欠如しているという大問題を提起し、その意味、解決方法を論じているのである。

『父性の復権』――同書は父親に対してさまざまな父性としての指針を示しており、読んで自信を取りもどす父親が出てくるであろう。それはそれでよい。しかし私は、同書の読了後、別の感懐を抱いた。

すなわち、同書中、一度も「儒教」ということばは使われていない、出ていないけれども、同書が述べる〈父性〉が、儒教における〈父性〉と非常に近縁的だったからである。

私は儒教の研究者である。その立場から『父性の復権』を読むとき、〈父性〉とは、時空を超えた〈人間の知恵〉なのではないかと思った。

人間の知恵――古人の考えの結晶である。数千年あるいは数万年の歴史的経験を経たものである。今様の、その場かぎりの安っぽい思いつきごときは、とても足元にも及ばない英知である。それを真摯《しんし》に省みる必要があろう。

『論語』の中の〈厳父〉と〈慈父〉と

『論語』季氏篇に、こういう話がある。

孔子の弟子と思われる陳亢《ちんこう》という人物が、孔子の子である伯魚《はくぎょ》に質問した。孔子と伯魚とは親子であり、日常生活を共にしているので、伯魚が普通の弟子と異なり、孔子から特別な教え（異聞）を受けているのではないかと思い、そのことをたずねたのである。

すると伯魚は、いや、父から特別な教えを受けたことはないと答えた。しかし、こういうことがあったと言う。父が一人でいるそばを自分が通ったとき、父がこう問いかけた。「『詩』を学んだか」と。同じくまた別のときにも似たことがあり、そのときは、父は「礼を学んだか」と問うたと言う。

この話を聞いた陳亢は喜んでこう述べた。自分は三つのことを学んだ。『詩』を学ぶ大切さ、礼を学ぶ大切さ、そして、君子は自分の子を特別扱いしないこと、この三つのことを学んだ、と。

有名な話である。伯魚が庭を通っていたとき孔子が教えたことから、「庭における教え」という意味で「庭訓《ていきん》」（この「訓」は「教訓」の「訓」で「教え」と同じ）ということばが生れた。そのように、「家の庭」「家庭」ということばに、実は重い意味がある。

因《ちな》みに、中国の典型的な住居の構造を言うと、その土地の四周には建物、あるいは塀《へい》などのしきりがあり、そうした口《ろ》の字形の建造物の中間にある露天の空間、すなわち広場を「庭《てい》」と言い、儀式用にも使う。鑑賞用に作った庭《にわ》ではない。

さて陳亢が学んだ三つめのことは、『論語』にこう記されている。「君子《くんし》の其《そ》の子《こ》を遠ざくるを聞けり」と。「聞けり」とは「学んだ」ということである。

其の子を遠ざく――とは、狎《な》れ親しむことをしないわけである。ただし、つきあわないという意味ではない。べったりしないで距離を置くという意味である。

伯魚は、実は凡庸であった。父親の孔子はかつてこう言っている。「才も不才も、またおのおの其《そ》の子と言うなり」（『論語』先進篇）と。それは「子には、才のあるものの才のないものという区別はあるけれども、みな同じく自分の子である」という意味。この発言は、伯魚の死のときのことを引きあいに出した折のものである。

自分の子は凡庸であった。しかし孔子は、伯魚に特訓をするわけではなかった。もっとも『詩』（後に『詩経』と言われる文学作品）や礼は、言うまでもなく儒家の基本科目であり、それらを学習するのは当り前のことである。日本で言えば、たとえば小倉百人一首を暗誦したか、冠婚喪（葬）祭の段取りは分っているか、といった類のことなのである。

とすると、この〈庭訓〉の物語には二つの意味がこもっている。一つは、子といえども他の弟子と区別しない厳しさ、すなわち〈厳父〉という意味である。いま一つは、凡庸であるがゆえに、しっかり基本学習をせよと励まし、遠くから温かい眼で見ている〈慈父〉という意味である。

〈厳父〉と〈慈父〉と――この二つは、相反《あい》するように見えながら、実は〈父性〉の中に共存するものである。事実、家訓書のはじめと言ってよい『顔氏家訓』という書物にこうある。「父母　威厳あり而《しか》して慈あれば、子女　畏慎《いしん》して孝を生ず」（教子篇）と。

＊『顔氏家訓』を著わした顔之推《がんしすい》は六世紀の人物である。

『父性の復権』は「戦前の日本人の父イメージは厳父であり、厳父慈母が理想とされたかのようによく言われるが、日本人は厳父を理想としたことはあまりなかったのではなかろうか」（一九八頁）と述べ、慈父を挙げる。しかし、日本のみでなくて、儒教における父親像一般には、〈厳父〉と〈慈父〉との重層があるのである。

くり返し説かれる〈慈父〉への努力

いわゆる『三国志』の時代が終って次の政権を握った西晋が、その後に倒れる直接原因となった永嘉《えいか》の乱という大事件があった。三〇〇年ごろの大乱である。そのため、家族は四散し、だれもが生きてゆくのが精いっぱいの時代であった。

そのころ郗鑒《ちかん》という人物（後に高級官僚となる）がいたが、生活に窮していた。しかしりっぱな人物ということで村人が食事を提供した。郗鑒は兄の子など二人の子どもを連れて行くと、村人はこう言った。だれもが困っているのです。けれどもあなたはりっぱな人だからこそこうしてあなたのために食事の準備をしたのです。子ども用にはありません、と。そこで郗鑒は、以後、一人で行って食事をし、そのたびごとに口の中いっぱいに飯をほおばって帰り、家にたどりつくと吐き出して二人の子どもに食べさせ、とうとう三人は生き延びることができたという（『世説新語』徳行篇）。

後日談がある。このときの小児の一人であった周翼《しゆうよく》は、郗鑒が亡くなったとき、県知事となっていたが、当時の恩を思って、辞職して喪に服した。かつて官僚は、亡くなった親のために三年の喪に服し、その後、復職するのが通例であった。周翼は実子さながらに三年の喪に服したが、郗鑒と周翼との関係は、ほとんど実の父子の関係に等しい。そこに在る感情は〈慈父〉である。

＊三年の喪と言うのは、三年間（三十六個月）という意味ではない。二年とプラス一日であると足かけ三年（数《かぞ》えの三年）となる。儒教では、死はその前日から数えるので、三年（二年とプラス一日）とは、実際には、満二年目の命日に当る。この三年の喪が喪に服する最長期間であり、親または主君に対する服喪期間である。この三年の喪が仏教に取り入れられて三回忌となった。

因みに、北朝鮮の金日成主席の没後（平成六年七月）、子の金正日書記が、平成九年夏、三年の喪が明けたことを宣言していたが、実質的に満三年となっており、儒教的規定の三年の喪（満二年）を超えている。これが通説であるが、二十七個月という別説もある。しかし三十六個月（満三年）とする。月の数で言えば、儒教的規定では、満二年プラス一日を二十五個月という規定は絶対にない。その意味で、現在、北朝鮮においては、儒教における三年の喪という根本規定の意味が分らなくなっていると言うほかはない。あるいは、なにかの理由で、ことを三年の喪にこじつけているのかもしれない。

父と子との関係においてははっきりと尊卑という上下の区別をして、「父子　席を同じくせず」（『礼記』曲礼篇）、「父は子の綱（大本《おおもと》）なり」（『白虎通義』）というようなことばで表わされる〈厳父〉が、儒教における、いや中国人一般におけるイメージとしてある。

そのため、儒教における父をば、家父長制的、専制的、封建的、抑圧的、権威的、非人間的……もういい、そういったコケ威《おど》しのことばをもって性格づけ、否定することが、進歩的、民主的、近代的、人権擁護的、人間的とする風潮が第二次大戦の敗戦後、八十年続いてきた。

しかし、たとえば「家父長制的」とはいったい何であろうか。生殺与奪の権を持ち、家族に対する裁判権をも有する、ローマの家父長制における父のようなものが儒教の父なのであろうか。しかし、儒教にそのようなものはない。儒教における父は、子に対して一方的に抑圧者として存在する絶対者ではない。常に、父としての努《つと》めが要求される。それは特に〈慈〉である。「父は慈、子は孝」（『礼記』礼運篇）――これが鉄則なのである。

〈厳〉が正統的な在るべき姿であるにもかかわらず、〈厳〉よりも、〈慈〉がくり返しくり返し説かれているのであって、〈厳〉というありかたを説いていることばを資料的に見出すのはむしろ苦労するくらいなのである。

「夫《そ》れ人《ひと》の父たる者《もの》は、必ず慈仁《じじん》の愛を懐《いだ》き、以《もっ》て其《そ》の子を畜養《きくよう》せよ」（『韓詩外伝』）

「人の子為《こた》るは孝に止《とど》まる。人の父為《ちちた》るは慈に止《とど》まる」（『礼記』大学篇に引用の『詩経』文王篇の句）

右の有名な句は、古代のものであるが、近世になってもそれは変らない。

たとえば朱子は「〔父親であるが〕強暴の人有りと雖《いえど》も、子を見れば則ち憐れむ。襁褓《きようほ》（おむつ）の児に至りては、父を見れば笑う」というこのわけは「天性」のものだ。しかし、父子の関係がうまくいっていない場合があるが、それは「豈に（いったい）父為《た》りて、天性　慈に足らざる者有らんか。亦た豈に子為りて、天性　孝に足らざる者有らんか」と自問し、こう答える。人間が本来持っているすぐれたもの（天理）が、よろしくないもの（物欲）のために、くらませられているのが原因であり、そのため「父　或《ある》いは其《そ》の慈を為《な》すを忘れ、子　或いは其の孝を為すを忘る」、その結果、関係がうまくいかなくなったのだとする（『朱子全書』人倫・甲寅擬上封事）。

あるいは王陽明は人間において〈傲《おご》り〉が最もいけないものとしてこう述べている。「子為《こた》りて傲《おご》れば、必ず孝ならず。臣為《た》りて傲《おご》れば、必ず忠ならず。父為《た》りて傲れば、必ず慈ならず。友為《た》りて傲れば、必ず信ならず」（『伝習録』下・終りから四章目）と。

儒教的〈父〉への誤解と偏見と

それだけに、〈慈〉の行きすぎ、と言うよりもまぎれやすい〈甘やかし〉について戒めている。すなわち、子を甘やかしてしまう危険への注意である。『袁氏世範《えんしせはん》』という、宋代の著名な家訓書は「慈父〔の場合〕、固《もと》より敗子（だめな子）多し」と考え、こう言う、「父　厳にして、子　畏るるところを知れば、則ちあえて非《ひ》〔行〕を為《な》さず。父　寛《ゆるやか》なれば、子　玩《なぶ》り易《あなど》りて其《そ》の行《おこ》なうところを恣《ほしい》ままにす」と。

これは〈厳父〉を良しとするのではあるが、そこにとどまるのではない。やはりまともな〈慈父〉の可能性を探る。そこで具体的な方法を示す。それは、できの良くない他人の父や子と比べて反省しようというわけである。すなわち「人の父《ちち》為《た》る者　能《よ》く他人の〈不肖《ふしょう》の子〉（できの悪い子）を以《もっ》て己《おの》れの子に喩《たと》え、人の子《こ》為《た》る者　能く他人の〈不賢《ふけん》の父〉（できの悪い父）を以て己れの父に喩うれば、則ち父〔が〕慈〔を行なう〕のとき、〔その努力を思いやって〕子愈《いよ》いよ（ますます）孝ならん。子〔が〕孝〔を行なう〕のとき、〔その努力を思いやって〕父益《ます》ます慈ならん」（以上、睦親篇)。

儒教において親は子に対して孝を要求するばかりだったと言うのは偏見にすぎない。孝と同時に子に対する父の在りかたがいつも問われていたのである。家訓書である、宋代の李昌齢の『楽善録』はこう明言している。「父為《た》りて父の道を尽す能《あた》わざれば、則ち家に孝友(親孝行や兄弟仲良し)の子なし」と。

これは、単に父としての在りかただけではなくて、家族集団の指導者、中心者としての在りかたの要求へとつながっている。すなわち「凡《およ》そ家長と為《な》りては、必ず謹んで礼法を守り、以て群子弟及び家衆を御《ぎょ》す」(司馬光『家儀』)。これは、儒教における〈父性〉の到達点としての指導性である。

このように見てくると、〈厳父〉の形式だけにしがみついて、〈慈父〉への努力がない父、要するに単なる傲岸な暴君としての父――それが儒教的〈父〉であるというようなイメージがいかに偏見であり、誤れる先入観であるかが分るであろう。

横暴で下らない男、あるいは父というのは、いつの時代、どのような時代にも必ずいる。いかに男女解放の完全な時代が来ようとも、必ずいる。それは個体の生物学的問題(性格を含めて)なのであって儒教との一般的相関性は乏しい。

さらにつけ加えて言えば、厳しさと言うのは、父だけではなくて母にも求められていたのである。もし「家父長」があると言うならば「家母長」もまたあるのである。『易経』に「家人」という卦があるが、そこにこう記されている。「家人に厳君有りとは、父母の謂《いい》なり」（彖《たん》伝）と。

母はそれこそ〈慈母〉がふつうのイメージであるのに、なぜ母も〈厳〉であるのかということについて、こういう解釈が与えられている。すなわち、母が厳でないと家の中が乱れてしまうからであると。そしてこう述べる。「父　厳なりと雖《いえ》ども、尽《ことごと》くは〔家の状態を〕察する能《あた》わざる者《もの》有り。必ず父母〔が共に〕尊厳なれば、〔家の〕内外斉粛《せいしゅく》す（ととのう）」（『易経大全』引用の趙氏の解釈）と。

＊中国女性の真実の姿については、下見隆雄（広島大学）・山崎純一（桜美林大学）の研究があり、従来の抑圧されてきた中国女性という先入観を打ち砕いた。入手しやすいものとして山崎の『列女伝』全三巻（明治書院）がある。

要するに、父であれ母であれ、〈慈〉の行きすぎ、あるいは誤解しての甘やかしはよろしくないということである。それは、儒教以外においても共通することであって、そのことを『韓非子』はこう述べている。「それ厳家《こわいおやじ》には悍虜《ならずもの》なく、慈母《あまいおふくろ》には敗子《むすこ》あり」（顕学篇）と。

理屈を越えた家族としての一体感

子はただただ親に従っているばかりではない。親がよろしくないときは当然諌《いさ》めるのである。この積極的に諌める子のことを「争子《そうし》」と言う。文字づらを見ると「争《あらそ》う子」であるが、あくまでも諌める子という意味。こうした争子がいないと親はだめだというわけである。

そのことをこう表現している。「父に争子有れば、則ち〔父の〕身《み》は不義に陥《おち》らず」と。だから父が不義（正しくないこと）に沈もうとするときは、なにがなんでもそれを止《と》めなくてはならない。そこで、そのときは「子　以《もっ》て父に争わざるべからず」（以上、『孝経』）ということになる。

因みに、争子と同じく、君主には争臣（諌臣）が、士《おとこ》には争友が必要であると『孝経』は言っている。つまり、まともな人間であるためには、耳に痛いことを言ってくれる人が必要だと言う。当然の話である。

親とて同じことである。ただ、君主などの場合と異なる。臣下が君主に対して諫めるとき、三度も諫めたにもかかわらず、君主が聴かなかったときは、その君主の下《もと》から去っていい。なぜなら、君と臣とは、人為的約束による上下関係で結ばれているわけであるから、その関係を自分の意志で解消することができる。しかし、親子の関係の場合は、血でつながっているわけであるから、運命的に結ばれており離れるわけにはいかない。だから、「〔子が親を〕三たび諫《いさ》めて聴《き》かれざるときは、則ち号泣して之《これ》〔親〕に随う」（『礼記』曲礼下篇）のである。

号泣して親に従う――これほど凄味あることばが他にあるだろうか。国家も社会もすべてを超えて、親と運命を共にすると言うのである。たといそれが〈悪〉の道であろうとも。これが儒教的家族主義である。

私は、このことばを読み返し、あるいは想い起し返すごとに、森鷗外の作品、『阿部一族』を思うのである。阿部一族の闘いは絶望的である。そこには勝利の見こみは全くない。主君側に討たれて、ただ死あるのみである。

にもかかわらず、私のみならず多くの人々がその物語に魅かれるのは、日本人の大半が忘れているものがそこに在るからである。すなわち、理屈を越えた、家族としての一体感である。それもなまじっかの〈対話ある家庭〉などという程度のものではない。生死を共にすることを厭わない共同体的感覚である。

「号泣して之《これ》（親《おや》）に随う」ことについて、儒教はこう解釈している。「子　父を諫《いさ》めて去らざるは、父子は〔本来〕一体にして〔形の上では〕分《わか》るも、相《あい》離るるの法なきこと、猶《なお》火《ひ》〔が材料として燃している〕木《き》を去れば滅するがごとし」（『白虎通義』諫諍）。

こうした一体化は、すでに『論語』において明記されている。すなわち、或る為政者が孔子にこう言った。自分のグループに直躬《ちょくきゅう》という人物がいる。その名「直躬」のようにまっすぐな正直な男である。だから、その男の父親が羊を盗んだとき、直躬は役所に届け出て父が盗んだことを証明した。なんと「直《ちょく》」（まっすぐ）ではないかと。そう言って自慢したのである。すると、孔子はこう答えた。私のグループの「直《ちょく》」なる者は、その人物の行動と異なると。そしてこう言い放ったのである。「父は子の為《ため》に〔その罪を〕隠し、子は父の為《ため》に〔その罪を〕隠す」（子路篇）と。

有名な話である。「父為子隠、子為父隠」（父は子の為に隠し、子は父の為に隠す）ということばは、儒教的家族主義の本質を突いている。もちろん、孔子はそれが

「直《ちょく》」そのものだとは言っていない。孔子とて法には従う。ただ、「父為子隠、子為父隠」という心情の熱さ、運命的一体化の大切さを説いたのである。だから、「直《なお》きことその中《なか》に在り」と言う。

かの神戸の小学生殺人事件を顧みるとき、私はこのことばを想わざるをえないのである。子が大罪を犯したことを知ったとき、親はもちろん狼狽するだろう。しかし、やがて冷静になったとき、どういう態度を取るであろうか。

これは難問である。法治国家である以上、しかるべきところに届け出ることが最も正しい。逆にすべてを隠すことは罪となる。共犯となることは許されない。とすれば、孔子が言おうとしたこと、すなわち、運命を共にする身構えのほかあるまい。一つは、共に死を覚悟することである。いま一つは、その子と苦しみを共にし罪を負って生きることである。生死ともに逃れることはできないのである。それは、罪を中学生個人の問題としないこと、つまり個人主義の否定である。

それが儒教的家族主義である。しかし、日本人のほとんどは、そういう生きかたをもう忘れてしまっているのではなかろうか。今や、日本国憲法の下、個人主義を前に掲げ、結婚や家庭が個人と個人との合意、そして契約と化している以上、その核家族は限りなき個別化とともに、いつでも崩壊する危険性を孕《はら》んでいる。そのままに、すなわち子の罪、あるいは父の罪をすべて背負う運命的一体化、あるいは逆に、親が子に対して本当に心から抱きしめ、どんなことがあっても杖となってやろうという気持、そのような心情の熱さなくして〈家族の対話を〉といくら叫んでもそれは空しい。

求められる〈厳〉と〈慈〉とのバランス

再び『父性の復権』にもどる。今日の日本の家庭が衰弱していることに対して、同書は〈父性〉の欠如という大きな理由を明らかにした。そして、〈厳父〉であれと言うのみではなくて、〈慈父〉でもあれとする。

〈父性〉とは、父《ちち》的なものであるから、男女という性別を越えたものである。具体的に言えば、すでに引いたが、指導性・客観性等々、家族集団において〈中心となるもの〉である。

その〈父性〉の役割を荷う者として、指導的男性つまりは現実の父がふさわしいとする。その具体像としてまず〈厳父〉がある。それに加えて、著者は、日本においては〈慈父〉もまた理想像として在るとする。

以上の『父性の復権』の主張は、家族集団における本音を語っていて妥当である。けれども、落ち着いて省みると、その主張の大半は、実は、東北アジア最大の文化として同地域に決定的影響を与えてきた儒教の主張と驚くべきほどの近縁性、あるいは共通性がある。同書の主張の細部にわたって、私は儒教的資料から同例を挙げることができるが、紙幅上、その主要点のみにとどめた。すなわち、〈父性〉における〈厳父〉と〈慈父〉とである。

もっとも、儒教においては、〈厳父〉と〈慈父〉とだけではなくて、〈厳母〉と〈慈母〉ともまた存在する。つまり、〈厳という父性的なもの〉、〈慈という母性的なもの〉ということであろう。

〈厳〉と〈慈〉と――この二つの異なった在りかたを、共に備え、しかも偏ることなくバランスが取れていることが要求されているのである。

これは実はなかなか難しい。むやみに命令することと〈厳〉とは、また、ただただ甘やかすことと〈慈〉とは、本質的に異なるのに、父親の多くは凡庸であるから安逸に流れやすい。その結果、ともすれば甘やかすことへと流れる危険を、儒教はその長い歴史において、これでもかこれでもかと、何度もくり返し説いているのである。男性優位の儒教的社会というイメージ、いやそうしたイメージによる先入観に基づけば、当然、〈父性〉の確立はなされていたと思われがちである。しかし、現実はそうではない。儒教的社会における父母は、〈厳〉と〈慈〉とを努力して兼ね備えなくてはならないのであって、その道は親にとって厳しいのである。絶えざる努力が親に要求されていたのであって、親の座に安住することは許されなかった。つまり、儒教の長い歴史において、言わば、絶えず〈父性の復権〉が説かれてきたのである。宋代の林逋《りんぽ》の『省心録《せいしんろく》』は、国家の幹部である士大夫が子弟に対して行なっている教育がなっていないことを痛烈に批判し、「愛に溺《おぼ》れ、其《そ》の謗《そしり》を甘受す」と述べ、そのような不肖の子にした「父兄の罪　大《だい》なり」とまで言いきっているのである。

古くは漢代の『大戴礼記《だたいらいき》』はこう述べている。「人の父為《た》りて（父となって）父子の義（ありかた）に明らかならずして（分らないで）、以《もっ》て其《そ》の子に教えて整斉すれば（作りあげれば）、即ち子　人の子為《た》るの道を知らずして、以て其《そ》の父に事《つか》う。故《ゆえ》に曰く、父《ちち》〔がまともな〕父《ちち》たらざれば、即ち子《こ》〔はまともな〕子《こ》たらず」と。

親になるということは、責任を伴うことなのである。親たるべく最大の努力をしているのかどうかが常に問われるのである。儒教にはそのような厳しさがあるのであって、無前提的に、あるいは無限定的に、親の座を保証しているのでない。それを誤解して、無前提的に無限定的に親の座が保証されていると思いこみ、努力をしない親、とりわけ父親に、横暴で下らない男がかつて多かったのである。

このように、『父性の復権』を通じて、私は、儒教という古人の知恵を顧みた。そこには共通するものが多いが、しかし、やはりもう一歩の踏みこみを求める。

それは死生観の問題である。書物の性格上、『父性の復権』は心理学的立場からの検討である。それはそれで十分に役割を果している。ただ、それでは親がなぜそこまで子と深い関わりを持つ、いや、持たなければならないのかという次の段階が現われてくる。

親と子と――この関係を徹底的につきつめれば、生命の問題、死生観の問題に至る。この死生観、生命観は、人間存在の根底に関わるものであり、すぐれて宗教的問題である。

本書の「はじめに」（七頁）において、もし私が被害者の、あるいは加害者の親であったならばという仮定から、〈復讐あるいは自裁〉という道の可能性があると述べたことがここにつながる。

すなわち、私は日本人であり、東北アジア人である。結局、私は儒教的世界の中に在る。東北アジア人の大半もそうである。そういう儒教の生命観、死生観の上に立って〈父性の復権〉を図るとき、伝統を背景とする大いなる道理に裏打ちされることになるであろう。

第五章　〈現代の夫婦別姓論〉批判

儒教文化とキリスト教文化との衝突

昭和四十五年三月、日航機よど号をハイジャックして北朝鮮に逃亡したグループのリーダー、田宮高麿が平成七年十一月亡くなったことについて、翌年の春、新聞につぎのような報道があった。

グループの一人は、「最終的には祖国の地に骨を埋めたいという〈自分たちの〉気持は変わっていない」と言い、田宮の遺骨は北朝鮮にいる妻子と日本の家族とに分けられ、新潟県内の家族の墓に埋葬されることになったと。

彼らは新左翼革命家として、当時、世界同時革命を叫び、一日本国を超えたコスモポリタンであろうとしていた。そして、既成のあらゆるものに対して否定につぐ否定をしていた。まして伝統的なものは足蹴にしていた。その彼らが最後に辿りついたものは、〈骨を祖国に埋めたい〉という気持となっている。この〈骨を祖国に埋めたい〉ということ、すなわち一族の墓地にもどるということは、上述してきたように、儒教的な死生観なのである。

マルクス主義と儒教的死生観との落差——それは、頭の中の知識としての近代主義と身体の感覚として存在する儒教的伝統との落差をよく示している。ありていに言えば、外見や頭の中は近代主義、中身や首から下は儒教的ありかた、そういう平均的日本人の姿である。

この姿は、日本人の至るところにおいて見ることができるし、すでに多くの人がさまざまな形で指摘してきた。たとえば、第二次大戦前、東北帝国大学等において教えていたことのあるカール・レーヴィットはこう言ったという。日本の知識人は、一階は和風、二階は洋風の家に住んでいるようなものであり、その間をつないでいる階段を忙しく昇ったり降りたりしている、と。今日では、その階段も今やエスカレーターにつけかえられ、気楽に上下している。近代とか西欧とか、それらとの対決という意識など、どこかへ消しとんでしまっている。

ハーバード大学のS・ハンチントン教授は、論文「文明の衝突」において、キリスト教文化とイスラム教文化・儒教文化との衝突の可能性を述べている。私はイスラム教のことはわからないので省くが、キリスト教文化と儒教文化との衝突は、じつは近代以前、キリスト教が儒教文化圏に渡来してすぐ始まったものであり、すでに古くからある問題なのである。

＊同論文は雑誌『フォーリン・アフェアーズ』所載（『中央公論』平成五年八月号にその翻訳あり）であったが、それに対して諸批判があった。そこで改めて再論した同名の著書を刊行した。その翻訳が集英社（一九九八年）から刊行されている。

家制度を憎悪する別姓推進派

私は、日本における二十一世紀は、儒教文化的家族主義とキリスト教文化的個人主義との衝突——換言すれば、東北アジアの伝統思想と欧米近代思想との激突、相違する文化（生きかた）の激突の時代になると思っている。そこで両文化の衝突という、この古くて新しい問題について、夫婦別姓の問題をめぐりつつ、考えてみたい。

平成八年の二月二十六日、法制審議会（メンバーは法律家ばかりであって、家族の伝統とか文化とかといった方面の人材を抜きにし偏向している）が民法等の改正要綱を答申した。その中心は、夫婦の選択的別姓を可能にする点であった。この問題をめぐってさまざまな議論がこれまでなされてきたが、推進派の主張の骨子は、明治民法は〈家制度〉によって人々を縛った前近代的なものであるとし、日本国憲法が個人主義を原則としている以上、現民法も個人主義に基づくありかたでなくてはならない。

だから、個人主義的に言えば夫婦別姓は当然であるとする。そして曰く、「家は息苦しく、飛び出すべき存在」「根強い〈家〉のなごりと〈個〉の尊重」「家から解放され、自由に自分たち夫婦としての生活をしてゆく」「事実婚夫婦が増え、結婚・家族観は〈家〉から〈個〉を尊重する時代に移りつつある」と。そこに一貫しているものは、いわゆる家制度への憎悪であり、個人主義への讃美である。そして夫婦同姓は悪しき明治民法が家制度に基づいて生み出した人間を抑圧するものであるとする〈通説〉がいつのまにやら生まれてきている。

そうした〈通説〉の一例として、ここに『女性と家族――近代化の実像』（読売新聞社・平成七年）という本がある。その第二章「家族法の登場と家族・女性」において、著者の篠塚英子（お茶の水女子大学教授）はこう述べている。「現行民法は……一八九八年（明治31）に施行された明治民法にその原型がある。……現行民法でさえ『家族』とは何か、家族はどのように構成されるかについて明記されていない。それどころか、『民法には家族という言葉すら見当たらない』という（利谷信義「民法における家族」、星野命編『変貌する家族――その現実と未来』所収）。ましてや明治民法においても同じである」（三九〜四〇頁）と。

この文章を読んで私は眼を疑った。明治民法の第二章は、「戸主及び家族」（以下、引用の片カナまじり原文に、適宜、加地が句読点・濁点・振りがな・括弧つきの注などを加えた）と題され、その章内の第七三二条には「戸主ノ親族ニシテ其《その》家ニ在ル者及ビ其《その》配偶者ハ之《これ》ヲ家族トス」と明記しているではないか。また、その「親族」とは第七二五条に「左ニ掲ゲタル者ハ之ヲ親族トス」として、「六親等内の血族、配偶者、三親等内の姻族」であることも明記しているではないか。実証的に論ずべきだ。

篠塚の右引用の文章より察するに、利谷信義の論考を信じてそのまま引用し、しかも明治民法の原文を見ないで明治民法を論じている。

現行民法は、明治民法の第七三二条等は削ったが、第七二五条は残したまま（形の上では昭和二十二年に全部改正になっている）であり、明治民法において規定した家族の〈観念〉は、現行民法の条文に書かれていなくとも、慣行的に、また常識的にすでに人々の意識の中に存在している。

続いて篠塚は、福島瑞穂著『結婚と家族』（岩波新書・一九九二年）より「親族&親等」（五三頁）の図を引き、民法でなくて戸籍法に基づきつつ、「明治戸籍法で定められた家族の定義が、個人を中心にした現在の核家族の視点から見て、いかに現実離

図7

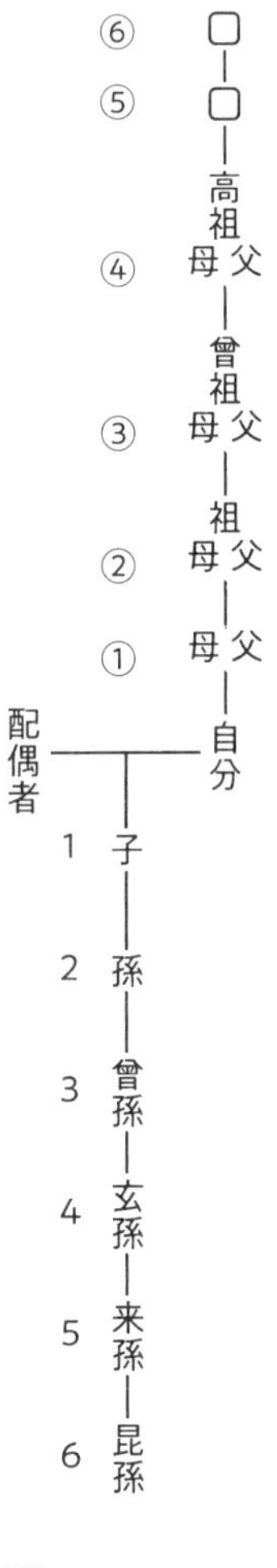

れをしているかがはっきりする」（四二頁）と述べる。その意味は、前引の明治民法中の「六親等内の血族」の場合、たとえば直系のみを記すと次のような系図の番号順になることを指して〈現実離れ〉とする。

福島の前引図の右下に人物のマンガがあり「6親等のヒトなんてほとんど他人よね」と言う台詞《せりふ》がある。これは福島の意見であろう。おそらく篠塚はこのマンガの台詞に乗って〈現実離れ〉と思ったのであろう。

しかし、これは果たして日本独特の家族の定義による〈現実離れ〉なのであろうか。明治民法について解説している『民法修正案理由書』（博文館・明治三十一年六月）における、第七二五条の親族を規定した「理由」を要約するとこう記している。親族の範囲は各国によって異なる。ドイツ民法草案では、「親族関係ヲ無限ニ認メタリ」。しかしそれでは実際上、非常に不便であるので各国は適当な制限をしている。たとえば、イスパニア民法・ベルギー民法草案では「六親等以上ノ者ノミヲ以テ親族トナシタリ」（加地注…この「以上」の「上」とは、血の濃いほうとしての上、たとえば、五親等よりも四親等のほうが上、という意味）。フランス民法は相続に関して十二親等（加地注…大正六年に六親等に改正）、イタリア民法は十親等までの者を親族とする主義を取っている、と。

これら西欧諸国は〈個人主義〉国家である。それらの民法の親等の範囲を見る限り、明治民法のそれは、当時の民法として非常識な〈現実離れしたもの〉ではなかった。のみならず、続いて非常に重要な決定理由を以下のように述べているのである。

明治民法における妻の地位

「明律《みんりつ》ニ於《おい》テハ四代マデノ者ヲ親族ト為《な》セリ。大凡《おおよそ》〔欧米諸国の民法に多い〕六親等以内ノ者ニ当ルナラン。……本案ニ於《おい》テハ、従来ノ慣習ト実際ノ便利トニ適スルモノト信ジテ親族ハ六親等以内ノ者ニ限ルモノト定メタリ」と。この『明律』は、中国の明王朝期の刑法書であるが、荻生徂徠《おぎゅうそらい》をはじめとして、江戸時代の知識人によく読まれた文献である。もちろん、同書は儒教文化を背景としている。

儒教における祖先祭祀は、始祖と前引図（一二五頁）の①・②・③・④までの四代に対して行なう。⑤・⑥それ自身は祭祀せず、⑤以前の祖先はすべて始祖と合祀する。日本仏教においても「某家先祖代々一切精霊《しょうりょう》位」と記した位牌が建てられるが、それが合祀である。その意味では、始祖という源は別として、四親等までが実質的親族なのであり、『明律』はそれに従っている。しかしこうした儒教的伝統を切り捨て、西欧諸国における親等とのバランスを取って、あえて六親等と決めたことが分る。その意味では、四代までを実感的親族としていた儒教感覚の当時の人々は、西欧の近代的民法に対して逆に〈現実離れ〉と思っていたことであろう。事実、前引図の⑤・⑥には、従来、それ自身を表わす固有の名称がなかったことがそのことをよく示している。⑤・⑥は祭らず合祀していたのである。そのため、民法上では、表記上、⑤を「高祖父母の父母」、⑥を「高祖父母の祖父母」とむりやり分析的に記さざるを得ないのである。一語で表わす熟語ではなくて、こういう「高祖父母の父母」などという欧米の言語流の分析的表記は、当時の日本人にとっては、かえってなじみにくかったことであろう。

＊親族呼称を体系的に述べた最も古いものは、前漢代に成立したとされる『爾雅』の釈親篇である。その呼称体系が儒教においてほぼ受け継がれ、考・妣などを父・母と変えつつ、明治民法においても使われている。

篠塚はさらに妻の地位について、それが徹底的に夫に従属するものであることを明治民法に基づいて述べている（後掲）。しかし、その議論は、果たして明治民法独自の特徴を示すものなのであろうか。

明治民法制定前、欧米近代国家の民法研究が行なわれた。その中心文献が『コードナポレオン』であったことはいうまでもない。この大部のナポレオン法典のみごとな解説書『仏国民法釈要』（律書館・明治十六年）がある。同書は千頁近い大作の日本語訳であり、著者ピコウの序文が一八六八年（明治維新の年に当たる）三月であるから、当時、最新の民法参考書の一つであっただろう。また、「司法省蔵版」とあるので、おそらく同書の活字紙型《しけい》（再刷するときに使う母型）は司法省の所蔵であり管理していたと考えられ、準政府刊行物として相当な影響力を持っていたと推測する。なお、翻訳者の加太邦憲は、凡例において、自分は司法省学校において学んだことを記している。

そこで私は、下出の一三一〜一三三頁に、明治民法の中身の前近代性を指摘した篠塚の文を上段に置き、その記述に当るナポレオン法典の記事を下段に置き、対照してみた（上段頁数は篠塚著の、下段の頁数は『仏国民法釈要』のそれである）。

この引用は、明治民法における妻の地位に関する篠塚の見解について、逐一、ナポレオン法典にも同様のものがあることを示している。すなわち、当時、世界で最も指導的なナポレオン法典の立場が、明治民法に導入されていたと見るべきであろう。

この引用は一部にすぎず、『コードナポレオン』中には、父権、夫権、親族会議の力を示す箇所が多い。そのどこが〈近代的〉であるのか。またもしそれが近代的であるとすれば、同じように父権、夫権、親族会の力を規定している明治民法の場合、どこが逆に〈非近代的〉となるのか。また、『コードナポレオン』と明治民法とは無関係と言いきれるのか、等々の問題を篠塚は立証すべきである。

篠塚は、明治のはじめの民法案は、当初こそヨーロッパ市民的色彩の強いものであったが、修正と改変とを繰り返しているうちに、「封建的色彩の強い民法」になってしまい、「近代的民法でもなかった」のであると言う（同書六一頁）。それでは、当時、『コードナポレオン』以上の近代的民法とは、具体的にどういう民法であるのか、明示すべきである。

篠塚は、明治民法を読むことすらせず、明治民法は非近代的であり、女性を抑圧した封建的なもの等々という予断と結論とをはじめから持って論じており、実証性がない。こういうデマゴーグが〈通説〉風に、まかり通ってきているのである。

明治民法に見られる〈家〉の近代性

しかし、このような俗論が出現する以前は、明治民法の性格に限って見た場合、その実相を述べる研究があった。たとえば、家族法、法社会学を専門とする有地亨（元九州大学教授）著『近代日本の家族観　明治篇』（弘文堂・昭和五十二年）は、明治民法に対して否定的ながらも、大量の資料に基づきつつ整理して客観的事実を指摘してこう述べる。「明治民法上の『家』は観念的であり、形式的なものであって、すくなくとも明治維新以前の武士階級の家族制度のような実質をもつものではなかった

（一一五頁）。……明治民法における『家』はすくなくとも、権力的存在としての戸主がその絶対的な権威により家族を支配し、服従せしめるようなものではなかったし、また、『家』に属する財産もなく『家』には法人格はもちろん、親族集団としての団体性も認められないし、戸主には『家』の代表者としての資格も存しなかった（一一九頁）。……明治民法の『家』制度をもって時代の推移に順応した近代的家族制度として受け取る心情が存在していたということをも示唆していると言える（一二三頁）……明治の半ば以降……都市の下層民では、形態の上では伝統的な『いえ』は崩れ去り、また、儒教主義的な『家』も見られず、外形的にはどちらかといえば近代的な家族に近いものが出現している（三一五頁）」と。

①　戸主が反対すれば制度上、家族は結婚ができなかった（前引篠塚の書の四三〜四四頁、以下同じ）。

---

①′　……二十五歳ニ至ラザル男、二十一歳ニ至ラザル女ノ婚姻ニ於《おい》テハ、父母ノ承諾最《もっとも》必要ナリト雖《いえど》モ、若《も》シ父母ノ間ニ異議

②　戸主は家族に対して扶養の義務を負う。そこで、家族がどこに住むかという居所指定権も戸主がもつことになる。……「妻は夫と同居するという義務を負う」ことも定めた。武家社会での慣習であった（六一～六三頁）。

③　家族個人が戸主の干渉によらず財産を処分できる権利は……妻には与えられなかった。妻は……「無能力者」として扱われたのである。……「妻の無能力扱いは女だからなのではない。妻は夫の庇護をうけ夫に従うべき身分なのだという考え方が残っていたと思われる」（四三～四四頁）……財産管理については……妻を無能力者として扱った。すなわち、夫または女戸主に配偶

アルトキハ父ノ承諾ノミヲ以テ足レリトス（前引『仏国民法釈要』の二六頁、以下同じ。加地注…明治民法第七七二条に「子ガ婚姻ヲ為スニハ、其《その》家ニ在ル父母ノ同意ヲ得ルコトヲ要ス。但《ただし》、男ガ満三十年、女ガ満二十五年ニ達シタル後此限《このかぎり》ニ在ラズ」と明記）

②（③も一部含む）

婦ハ夫ノ権ニ従フモノナレバ（七頁）……住所トハ仏蘭西《ふらんす》人ノ民権ヲ行フニヨリ、法律上定ムル所ノ場所ニシテ……他人ノ権ニ従フ者ハ之《これ》ト住所ヲ共ニセザルヲ得ズ。故《ゆえ》ニ婚姻シタル婦ハ夫ノ家ヲ以《もっ》テ其《その》住所トシ（二二頁）……夫婦ノ義務ハ、自《おのずか》ラ相《あい》均《ひと》シカラズ。夫ノ義務ハ、其《その》婦ノ身、及ビ財産ヲ保護スルニアリ。婦ノ義務ハ、其《その》夫ニ従順ナルニアリ。故ニ、夫ハ其《その》婦ヲ己《おの》レノ住居ニ待チ（「待《また》せる」の意。「待」は

者の財産の使用収益権を与え、妻の財産は夫が管理するものとした。……妻が実家からもってきた特有財産の管理は夫に帰属させた（六一～六三頁）。

「侍」の意で通用されていた）、又《また》婦ハ何《いず》レノ地タルヲ問ハズ、其《その》夫ノ適当トナス住居ニ随行シ、之《これ》ト同居セザルヲ得ズ（三七～三八頁）

③　夫《そ》レ共通財産ハ、殆《ほとん》ド夫婦ノ身分ヲ全括スルモノトス。然《しか》シテ之《これ》ヲ管理スルハ即《すなわ》チ夫タリ（四八五頁）……夫ハ嫁資財産（加地注：妻が結婚時に持参した自己の財産）ノ全部ノ入額ヲ得《え》、併《あわ》セテ其《その》嫁資財産ヲ管理スルノ権ヲ有スルモノトス。且《か》ツ嫁資財産ノ収獲、利息ヲ収ムルノ権、及び嫁資ノ元金ヲ人ヨリ償還セシムルノ権モ亦《また》、夫ノ有スル所トス（五五三頁）。

いわゆる家制度は、今日、否定されている。しかし、家族制度一般と、戸主を中心とする特定のいわゆる家制度とは異なる。家族制度は、有史以来、そのときそのときの歴史的社会的条件を背景にして、それぞれに応じて形態をいろいろと変えながら、今日に至るまで厳然として存在し続けている。いわゆる家制度も、現在の核家族も、家族制度の長い歴史における或る特定の形態にすぎない。この点がよく誤解される。あたかも個人主義的な核家族は家族制度のなかに入らないような理解がともすれば行なわれがちである。ひどい場合は、家制度を嫌悪するあまり、家制度と家族制度とをごちゃまぜにして、家族制度自身を嫌悪し、〈「家族制度」という言葉自体、「女」に対して抑圧的で抵抗を覚えた〉とまで言う人がでてきている（山下悦子「自由帳」『毎日新聞』夕刊、平成八年三月二十六日付）。

家族制度の歴史は長く、よほど慎重に対処しなければ、簡単に切り捨てたりできるものではない。たとえば橋浦泰雄著『日本民俗学上より見たる家族制度の研究』上下（日本法理研究会・昭和十六年）を読むと、家族制度の実態についてわれわれ現代人がどれほど誤解しているかということをいやというほど知るであろう。一例を挙げると、ヨバヒ（呼《よ》ばひ・夜這《よば》ひ）の場合、「同じ布団の中に入っても、許すか許さないかは女の権限であって、男の方から強要することは絶対に出来ないことになつてゐる」（下・七頁）。

夫婦同姓の現実的意味

この家族制度において問題となるものの一つは、近親相姦であり、厳しく禁ずる。前引の『仏国民法釈要』も「血脈アル者ノ間ニ於《おい》テハ、婚姻スルヲ禁ズ。……此禁《このきん》ヲ犯サバ、其彝倫《そのいりん》（人間が守るべき道）ヲ乱スヲ以《もっ》テ、親族相姦罪ヲ来《きた》ス」（二八頁）と。すると、同族であるかどうかの識別が重要となる。ここに、その標識としてファミリーネームの持つ重い意味がある。

また、キリスト教では神に誓って結婚した二人（日本では神に対して誓うのではなくて、神の前で、すなわち神を〈雇った証人〉として、その前で二人が誓いあっている。だから神に対する畏れなど、はじめからないのである）の間に生まれた子すなわち嫡出子の権利を保護し、非嫡出子とりわけ父親に認知されていない子とはっきり区別する。そのとき、父親の姓を名乗っていることが重要な意味を持つ。だから「子ハ其《その》父ト言《いい》做《な》ス人ノ姓ヲ有シ、父ハ己《おのれ》ノ子トシテ対遇シ……」（『仏国民法釈要』四九頁）、また「養子ハ、其《その》固有ノ姓ニ、又《また》養父母ノ姓ヲ加フル事」となる。このことについて翻訳者はこういう注解を付けている。「例へバ、養子ノ本姓ヲ『ピェル』ト云ヒ、養父ノ姓ヲ『ジャック』ト云ヘバ、此ニ彼ヲ加ヘテ、『ピェルジャック』ト云フガ如シ」（同書五七頁）。これは、相続のときの順位という重大な問題に関わってくる。ここにもファミリーネームの持つ重い意味がある。

つまり、きわめて現実的に言って、近親相姦を防ぎ、正常な婚姻に基づく家族の財産を保護するという意味がファミリーネームにある。

そうした家族の婚姻・出産・死亡に関わっていたのがキリスト教の教会である。キリスト教文化圏の女性は、結婚するとファミリーネームのなかに入り夫婦同姓となったのである。これは人間の知恵である。

この知恵は東北アジアにもあった。それを同姓不婚と表現し、さらには子が父の姓を持つのがそれである。では同姓不婚の下、女性が異姓であるのはなぜか。これは歴史的理由のほかに、中国人特有のリアリズムが底にあった。すなわち、婚姻のとき、その女性は、夫一族とは遺伝子が異なる。事実として血が異なっているからである。それでは異姓として他人扱いにするのかというと、そうではない。婚姻後、一族の一員として正当化するために、結婚して〈妻〉（夫との性的関係を有する者）となった女性に対して、〈婦〉に昇格する儀式を一族として行ない、一族の女性として認知する。この〈婦〉となれば、同族である。だから、死ねばもちろん一族として墓も作るし、祭祀することになる。すなわち、形式上、夫婦別姓ではあるが、それは遺伝子記号上の標識にすぎず、実は同族化、つまり夫婦同姓と同じ意味なのである。

しかし、形式は形式であるから、儒教的伝統から言えば夫婦別姓のはずである。にもかかわらず、明治民法の第七四六条は姓ではなくて「戸主及ビ家族ハ其《その》家ノ氏ヲ称ス」としたのである。なぜか。

欧米にならった日本の夫婦同姓

配偶者はもちろん親族の内にあり家族であるから戸主と同姓となる。するとこれは、夫婦別姓という儒教的伝統に反する。〈通説〉は、夫婦同姓化の理由として、いわゆる家制度を挙げているが、そうなるとその家制度と伝統的夫婦別姓との関係がどうなっているのか説明してもらいたいものである。家制度が儒教的なものなら夫婦別姓であるべきではないのか。にもかかわらず、夫婦別姓という儒教的伝統を切り捨ててまでして、あえて夫婦同姓にしたのには、儒教的伝統とは別の根拠がなくてはならない。それはいったい何であるのか。

私は、その背景として、幕末に結ばれた外国との諸条約における不平等に対する改正運動があると見る。周知のように、幕末に結ばれた外国との条約は、治外法権を認めてしまっており、また関税自主権もなく、さらにまた某国に好待遇を一つ与えると自動的に他国もその特権を得ることになるなどという不平等なものであった。条約締結のとき、欧米における国際法のことをよく知らなかったためである。

そこで明治政府は関税自主権の獲得、治外法権の撤廃等をめざしてその改正に全力を尽くした。そのとき相手国はどう言ったか。日本にはわれわれ欧米なみの刑法や民法がないではないか。そんな野蛮な国では、もし居住した自国民の安全が保障できない。自分たちの国と同じような民法・刑法等が日本になければ、日本における自国民の安全は期しがたいとして、すぐには応じなかった。治外法権は当然であると。つまり〈欧米なみの法律体系〉を整備することを前提にして条約改正に応じようという、アジアを後進国とする尊大な態度をとったのである。

そのため、明治政府は欧米先進国をモデルとして近代化を図らねばならなかった。すなわち欧米先進諸国の法律と同格のものを作らざるをえなかった。それはとにもかくにも形式上の物まねとなってゆく。こうして悲しき鹿鳴館時代となる。同時に急いで法体系を整備してゆくことになる。その際、民法についてはフランスのナポレオン法典等が重要な参考書となり、それらを真剣に研究したのである。たとえば前引の『民法修正案理由書』中の厖大な参照文献や詳細な理由を読むと、明治の法律家たちの苦闘が伝わってくる。ときには日本の伝統としてここは譲らぬという気魄《きはく》がこもり、ときには儒教的伝統をむしろ切り捨てて欧米先進諸国の法律に合わせるという苦心が見える。そういう欧米流民法を作るのは不平等条約改正という大義のためであった。その結果、明治民法は夫婦別姓のほか儒教的伝統のいくつかを切り捨てた。時の法学者はこう歎いた。「民法出でて忠孝亡ぶ」と（本書一四三頁・一八四頁参照）。

同書は明治三十年十二月に議会に提出した民法案における夫婦同姓の理由についてなにも述べていない。しかし、明治五年（一八七二年）、司法省民法寮において行なわれた会議の産物として生まれた民法草案『皇国民法仮規則』は、前記の旧民法（明治二十三年）へ発展してゆく骨格を示したものとして重要なものであるが（『日本婦人問題資料集成』第五巻、ドメス出版・昭和五十一年、一二一頁の湯沢雍彦解説）、その第四〇条は「凡《およそ》姓ハ歴世更改スベカラズ。名ハ終身更改スベカラズ。但シ養子相続人ハ其《その》養家相続家ノ姓ヲ襲用スルコトハ勿論ナリ」としている。その立場はずっと継持され、明治二十四年十月の「司法省指令」はあくまでも「婦女姓氏ノ件ハ、婦女人ニ嫁スルモ……生家ノ氏ヲ用フベキモノトス」としている。すなわち儒教的伝統としての夫婦別姓である。それが旧民法を経つつわずか五年ほどの間に、明治民法において、逆に、夫婦同姓に決定したのは、明治政府が近代化のモデルとした、キリスト教文化圏にある欧米先進諸国がファミリーネームを持っているのをまねて、ファミリーと民法上の「家」とを重層させたものと考える。民法学者の中川善之助はこう述べている。「婚姻をしても、夫婦夫々《それぞれ》の氏に変動は起らないというのが、キリスト教国を除く世界諸民族の慣習法であった。中国然《しか》り、韓国然り、アフリカ然り、そして日本また然りであったのである」（拙著『儒教とは何か』中公新書、四頁）。

なお、通説的に言われていることであるが、明治民法は、明治二十三年に提案されたいわゆる旧民法への批判のうえに立って登場したという。この否定された旧民法は、きわめて〈進歩的〉であったとされ、この旧民法が受け入れられなかったことをもって、日本の民法が遅れたかのような言説が多い。つまり、旧民法が実現されなかったことを残念がる風潮がある。しかし、旧民法第二四三条もすでに「戸主及ビ家族ハ其家ノ氏ヲ称ス」としているのである。

そこで、注意深く読むと、旧民法も明治民法も、けっして「姓」と言わず、「氏」と言っているのである。これは何を意味しているのであろうか。

「氏」と「姓」はどう違うか

氏・姓については、多くの研究があり、錯雑としている。たとえば諸橋轍次『支那の家族制』（大修館書店・昭和十五年）・豊田武『家系』（近藤出版社・昭和五十三年）を読んでも、日本・中国ともに、氏と姓とは、もう混淆してしまっていて、本来の意味を区別することは困難である。

ただ、たとえば金英達著『創氏改名の研究』（未來社・一九九七年）は、朝鮮の場合、法律的にはファミリーネームを「姓」と言い、姓は父系の血統の記号（事実としては、夫の姓と妻の姓との両種があるが）であるが、日本の「氏」は、家族の称号であるとする。

日本が朝鮮併合後に行なった創氏改名という政策は、氏を戸籍上の正式名称としたが、姓は廃止していない。すなわちたとえば「朴」姓の人はその姓をそのままにしておき、別にたとえば「新井」氏を名乗るという形となり、氏・姓の二つを有するようになった。もちろん、姓のみを使い、氏を創《つく》らなかった人もいた。だから、戸籍には、祖先の出身地を表わす「本貫」を併記し、同姓不婚の慣習は残した。

前記の金英達の研究に依れば、明治民法の文章化の折、氏・姓・日本の苗字（豊田前著三二頁によれば、氏と異なり、特定の地域を本領とする族的結合）の中で、「氏」を選んだのは、日本では、血縁であることはもちろんであるが、さらに氏に〈家族を抽象化した組織や構造〉という感覚があったのかもしれない。

明治民法が「その家の姓」ではなくて「其家《そのいえ》ノ氏ヲ称ス」と、「姓」字ではなくて、「氏」字を使ったところに、明治法学者の苦心があったと私は考える。

さらに実情から言えば、江戸時代、公的には大半の者には姓氏がなかったため、姓氏に対する執着や関心が少なかった。そのことを背景としてであろう、井上操の論文「法律編纂ノ可否」（『法政誌叢』一〇三号・明治二十三年）は次のように述べている。「婦　其《その》夫ノ氏ヲ称スルトイフガ如キハ古昔ノ例トハ異ナリ。古昔ハ婦ハ其《その》実家ノ氏ヲ称シタリ。然レドモ幕府以来実際ハ夫ノ氏ヲ称シ、現ニ今モ夫ノ氏ヲ称シ戸籍ノ如キモ別ニ実家ノ氏ヲ示サズ。故ニ習慣ニ悖《もと》リタルニアラズ。実際現行スル所ニ従ヒタルナリ」（星野通『明治民法編纂史研究』所収、ダイヤモンド社・昭和十八年、四〇二頁）。儒教理論とは別に、実際はすでに夫婦同姓だったのである。地方官署から、夫の姓を称することについての伺いに対して、明治のはじめ、内務省が儒教流に「別姓にせよ、生家の姓にせよ」と何度も答えているのは（堀内節編『明治前期身分法大全』第四巻―親族総編Ⅰ〔中央大学出版部・昭和五十六年〕・二七八頁「婦女姓氏」等）、一般庶民の間では、事実上、同姓だったということであろうか。

今日の法律家は、知識として欧米的なるものにどっぷりとつかっているので、欧米的なるものとの対決などという緊張感は、おそらくない。しかし、明治の法律家の大部分は儒教的伝統のなかで育っており、欧米的なるものとの緊張と対決とのなかで生きていたのである。

私の見るところ、大勢としては、儒教的伝統のいくつかをあえて切り捨て、むしろ近代への架橋としての法律という試みの産物の一つが明治民法であったと思っている。そこにも、われわれの儒教的伝統と、西欧のキリスト教的近代との衝突の例を見ることができる。それを具体的に、かつ集約していえば、儒教的家族主義とキリスト教的個人主義との衝突ということである。穂積八束の有名な論説「民法出《で》テ、忠孝亡《ほろぶ》フ」（明治二十四年）は、まさに儒教的家族主義からキリスト教的個人主義を徹底批判したものである。そのことは、後に改めて論ずる。

日本国憲法における個人主義的核家族

明治民法によって夫婦同姓（厳密に言えば「夫婦同氏」）となり、それが定着した。しかし、第二次大戦の敗戦後、明治憲法が日本国憲法に改められる。それと連動して、民法（親族篇）も改められることとなった。

その大きな理由は、日本国憲法の性格にあった。すなわち、日本国憲法が、欧米思想流にキリスト教文化的個人主義の立場を取り入れたため、憲法の下位にあるいろいろな法律を、憲法の趣旨に合わせて（と言うよりも、憲法の趣旨に従って）、改めたのである。

さて、民法の場合、その柱である〈物権・債権・親族〉という三分野において、当然、親族が問題となる。と言うのは、個人主義に基づく家族観からすると合わない点があるからである。その最たるものが、戸主権であった。

明治民法は、「戸主」というものを定め（女性の戸主すなわち「女戸主」もある）、その家族に対して扶養の義務を負ったり、また家族の居所には戸主の同意を得ることが必要（同意を得ていないときは扶養の義務はない）など、家族を統率する種々の権利・義務を定めた。それらを総称して戸主権という。そしてこの戸主権のある家族制度を指して「家制度」と称している。つまり、「家制度」は家族制度の一形態なのであって、「家制度」即家族制度ではない。ここがよく誤解される。

そこで、戸主権を廃止し、それぞれ個人としての男性と女性との合意に基づいて結婚し家族を構成することとなった。ここに、夫婦を核とするいわゆる核家族が登場することとなった。

しかし、夫婦同姓（同氏）については、なんら手を加えず、そのままであった。

欧米の夫婦別姓運動はキリスト教への反抗

ところで、キリスト教それもカトリックの場合を主にして言えば、周知のように、キリスト教文化圏における出生・婚姻・死亡は教会が管理していた。だから家族はファミリーネームのもとに統合されていた。すなわち夫婦同姓なのである。

たとえば、カトリックが中心のフランスでは、正規の夫婦を重視し、嫡出子と庶子とを厳格に区別した。この嫡出子は必ず父の姓を名のる。ここにファミリーネームの効力がある。親族会議も制定されているのである。

聞けば、カトリック教会で結婚式を挙げようとすれば、新郎新婦ともにカトリック教徒として、すなわち仮に新郎がカトリック教徒であり、新婦が仏教徒であるとすると、新婦はカトリック教徒に改宗し、ローマ教皇庁に登録されてはじめてカトリックとしての結婚が許されるという。非常に厳格である。とすれば、カトリック教会は家族を管理しており、比喩的に言えば、西洋版檀家制度みたいなものである。私の想像であるが、あるいは江戸幕府はこのカトリック式家族管理のことを知って、逆に檀家制度を作り、キリスト教に対抗したのかもしれない。興味ある研究テーマである。

因みに、近ごろホテルあたりで行なっているキリスト教式結婚式では、司祭者はカトリックの神父ではなくて、雇われたプロテスタントの牧師が行なっているという話らしく、プロテスタントは新郎新婦がキリスト教徒ならぬ異教徒（仏教徒とか神道信者とか）であっても平気であるらしい。

話をもとにもどすと、キリスト教文化圏においては、ファミリーネームを用いることによって、夫婦同姓であった。ところが、そのキリスト教文化圏にある欧米諸国は、いわゆる先進国であったから、昭和三十年代すなわち一九六〇年代に大きな経済成長を起す。日本では昭和四十年代だが。すると、女性が社会に出て働くようになり、それとともに女性が経済力を得て女権拡張運動が進む。いわゆるフェミニズムの運動である。その運動の一つがファミリーネームからの独立、つまりは夫婦別姓化であった。欧米女性たちのいわばキリスト教への反抗である。そこには内発的な必然性があった。すなわち、自己実現という思想性があり、夫婦別姓の主張に主体性があった。その運動の結果、最近、夫婦別姓にする国が増えたのである。

内発的必然を欠く日本の別姓運動

しかし、日本では、明治維新以後、信仰の解禁から百教十年も経っているのに、我が国のキリスト教徒は、人口のわずか一パーセント程度なのである。率直に言って、キリスト教は、日本人にほとんどなんの影響力も持っていない。その一神教の神は、多神教の日本人にとって、唯一どころか、神々の内の一つとしてしか意識されていない。つまり、日本にはキリスト教文化の感覚などはどこにもない。ファミリーネームへ同化することに抵抗感などないのである。

だから、日本のフェミニズム派は、欧米フェミニズムにおける夫婦別姓運動が思想運動であることが分らず、仕事において不便であるとかといった、形式上の技術論的議論として夫婦別姓運動を行なってきた。ありていに言えば、欧米で夫婦別姓運動があるからそれを物まねしようというのが日本の夫婦別姓論である。明治民法以来、時の流れの中で、日本は日本なりに夫婦同姓を定着させてきた。それはそれで現実として安定している。夫婦別姓にしなければならない必然性はほとんどない。

そのように内発的・思想的必然性がないにもかかわらず、欧米がそうだからと言ってありがたがって、すぐ物まねをするのは、本章のはじめに引いたように、カール・レーヴィットの言う「日本の知識人は、一階は和風、二階は洋風の家に住んでいるようなものであり、その間をつないでいる階段を忙しく昇ったり降りたりしている」ことそのものである。それは、日本知識人の明治以来の欧米崇拝の言動なのであって、なんでもアメリカでは、ヨーロッパでは、とありがたがり、そこには思想的に内発する必然性などはない。

だいたいがキリスト教においては、楽園から罪を犯した人間が追放され原罪を負ったとする。そして厳しくも唯一神ヤハウェは、人間に罰を与《あた》え給《たも》うた。すなわち、男性のアダムには、労働の苦しみという罰を、女性のイブには、出産の苦しみという罰を。しかし、東北アジアには、このような〈罪と罰と〉という思想などはない。〈生命の連続〉のためには、労働も出産も、ともに喜びなのであって苦しみではない。

のみならず、儒教においては、男女を一組《ひとくみ》として冠婚喪（葬）祭の儀式（生活を思想化して形式として表現する）が行なわれており、本質的には〈消長〉という形でそれぞれの持つ意味を対等に評価しているのである。〈消長〉とは、一定量を一〇〇パーセントとすると、陽（男）と陰（女）とは、その一〇〇パーセントの一定量の中で増えたり減ったりするという関係のことである。たとえば、陽が六〇パーセントだと陰が四〇パーセント。その陽が減って五七パーセントになると陰が四三パーセントとなるという関係である。「消」とは「衰《おとろ》う」、「長」とは「長《ふえ》る」という意味である。父性と母性との関係も、当然、消長のそれである。

しかし、こういう消長という柔らかい見かたはキリスト教にはなく、ただ男対女という対立する硬い関係のみがある。だから、キリスト教文化圏において、女性がキリスト教に、あるいは男性に反抗するというのは、思想的に内発的必然性があると言えよう。だが、儒教文化圏において、そのような内発的な必然性を思想的にどこに置いているのか、フェミニズム運動からは見えてこないのである。そのような意味において、欧米の夫婦別姓運動の物まねという安ものファッションと言わざるをえない。

＊嵐義人《あらしよしんど》「姓氏・名乗、あれこれ」(『日本「姓氏由来」総覧』新人物往来社・一九九八年・二二二頁)は次のように述べる。「明治三十一年民法の夫婦同氏は、ドイツ法継受の結果として生じたものである。……キリスト教文化圏であるヨーロッパ社会は、夫婦一体の原則が貫かれており、夫婦同姓が一般化していた。英語ではMr.に所有を示すsをつけたのが夫人の称号であり、ミセスの次には夫の姓を用いた。……その夫婦同姓の原則が崩れ、ミセスがミズになったのは、一九七〇年代の『国連婦人の十年』に伴う女子差別撤廃運動の結果である。一九七九年に国連総会で採択された『女子差別撤廃条約』一六条には、次の規定が見える。『一　締約国は、……男女の平等を基礎として次のことを確保する。……g　夫及び妻の同一の個人的権利(姓及び職業を選択する権利を含む)』。かつて明治民法に影響を与えた一七九四年プロイセン一般ラント法の婚姻に関する規定……では、『妻は夫の姓Nameを手に入れ』(一九二条)『夫の身分の諸権利に……参加する』(一九三条)とされていた。……イスラム文化圏では、正式名は夫婦別姓であり、某(夫の名)の妻で某(父の名)の娘といった形式をとるが、簡略形としては夫の姓を最後に付す欧米型夫婦同姓的表示が一般化している」と。

第六章　〈散骨する自然葬〉批判

はっきりしない「自然」の意味

「葬送の自由をすすめる会」という団体がある。従来の葬儀に対して疑問を抱き、会員同士で遺骨を散骨するという葬儀を行なう。その結果、墓を建てる必要がないことになるとする。散骨する場所は、生前に、好みに応じ、思い出の土地とか、風景とかを希望して指定しておく。すると、死後、同会が故人のために散骨をするというわけである。海とか、山とか、野原とかにである。

この会のしていることは、率直に言えば、新規参入の葬儀業というところであるが、どういうわけか、葬に対して「自然」という語を冠している。この「自然」ということばの意味が、はっきりしない。自然の中に散骨するから自然葬と言うのだろうか。あるいは、同会は、墓地造成は環境破壊であるから墓を建てることをやめ（山野に散骨）、墓地造成を否定して自然環境を守るという意味で自然葬と言うのだろうか。

ともあれ、同会は会員七千人と号し、広げようとしている。その意図の一つとして見え隠れするのは、墓は家制度の核であるとし、その墓を否定することによって、最終的には家制度どころか家族制度そのものの解体をしようとしている点である。今日の家族問題を考える上において、この自然葬を手がかりとしてみたい。

墓を求める日本人のシャマニズム的感覚

「葬送の自由をすすめる会」の主張の核に、大きくは二点がある。一つは、墓を不要とすること、いま一つは、そのために遺体を焼却した後、山野河海に散布すること、この二点である。その山野河海に散布することをもって、自然に帰るとして「自然葬」と称するのである。そして言う、墓地造成は自然破壊であり、逆に自然葬は自然保護である、と。

右の意見、もっともなように見えるが、実はそうではない。まず、第一の、墓の不要論の点から述べる。

「葬送の自由をすすめる会」(以下「自然葬の会」と略記する)は、昔、庶民には墓がなかったとする。

ここが、最大の問題点である。自然葬の会は、墓の本来の意味を誤解している。東北アジアにおいては、墓と墳とはまず異なるのである。墳とは、盛り土をしたものである。遺体を土葬した後、その場所がよく分るように盛り土をする。これには大きな費用がかかる。それはそうである。ただ土を盛るだけでは、一雨降れば、あっというまに崩れてしまう。だから、つきかためては土を盛り、またつきかためては土を盛ることをくりかえし、しっかりとした墳丘を作るのである。実例を見たければ、たとえば韓国における現在の墳丘造成工事を見れば分る。人夫には祝儀を何度もはずみ、しっかりとつきかためている。古代においても、この事情は変るまい。もちろん大墳丘ともなればなおのこと費用がかかるのである。すなわち、墳を作ることができるのは、身分の高い者や、豊かな者など有力者だったのである。

これに反して、墓は、遺体を土葬した後、盛り土をしないのである。すなわち平地である。掘った土をもどせば、多少は土が高くなりはするが、つきかためていないので、やがてしぜんに平地になる。もっとも、人情として、目印として自然石ぐらいを置いたりしたではあろうが、それは墓にとって本質的なものではない。要は、盛り土をしないのが墓なのである。これが、身分の低い者、貧しい者たちすなわち圧倒的多数の庶民の死後なのである。このように、形はともかくとして遺体を納めた状態、それを仮にハカと称するとすれば、ハカはあったのである。もっとも、特定場所を共同の野ざらし場とした遠い遠い時代のことは、今は問わない。

さて、ところが、人間には一般的に上昇志向がある。墓よりも上位の墳を作りたいという憧れ、願望がある。当然、墓よりも墳をめざすことになろう。そこに一つ、温暖な日本独特の気候問題が加わる。すなわち日本は梅雨を筆頭にして、雑草など植物の生えやすい環境にある。そのため、大きな墳は結局は森林となってしまうし、小さな墳は平地と化す。それを防ぐためには、土を盛ることをやめ、その代りに自然石を置くことによって表現するのが、最も良い解決法である。墓の上のそうした目印の自然石がしだいに加工石にとって代り、墓と墳との混合形態となっていった。さらに、本来は墳に至る道すなわち神道《しんどう》の始まりのところ、あるいは墳のすぐ前に建てられていた碑（だれそれの墳ということが分る標柱）が、加工石を置く墓の、その加工石のさらに上に置かれるようになり、今日に見るような墓石となっていったのである。すなわち、おそらくは一五七頁図（図8）のような過程を経ていったのであろう。そしてついに墓と墳との区別はなくなり、遺体を納めたところを一般に墓と呼ぶようになったままでである。私はこれを、仏教的な五輪塔などの出自とは別と考えている。

右のような変遷が分るように、前引拙著『沈黙の宗教——儒教』の口絵に現物の写真をもって示しているので、見られたい。

では、なぜそのように墳墓を作ることに執着したのかと言えば、これまでにも何度か述べてきたように、死者に対して、天上から魂を降し、地下から魄（遺骨・白骨）を呼びもどして合体させると、死者がこの世にもどって再生するというシャマニズムが東北アジアにはあるからである。そのことを体系化したのが儒教であり、中国仏教・日本仏教・神道に大きな影響を与えたのである。その結果、神道も日本仏教も、招魂復魄のシャマニズムを慰霊あるいは先祖供養として、墓とともに取り入れているのである。この感覚を、日本人から消すことはついにできないで今日に至っている。

鎌倉時代に登場した親鸞《しんらん》は、奈良・平安時代に隆盛を誇った真言宗や天台宗のありかたに疑いを抱いた。と言うのは、真言・天台に、インド仏教にはない要素が多いことに気づいたからである。すなわち、（A）葬儀・墓・先祖供養、（B）祈禱、護符（お守りなど）である。（A）は儒教からの、（B）は道教からの輸入である。

真言・天台以前の仏教は、学問的なものであって（A）・（B）はほとんど省みられていなかった。それまでの奈良仏教は学問としての仏教、いわゆる仏学ではあっても、シャマニズムを求める民衆の気持に応ええなかったのである。だからこそ、真言・天台が（A）・（B）を打ち出し実行したとき、人々は熱狂したのである。人々が求めようとしていたものに対して、真言・天台が応えたからである。

図８

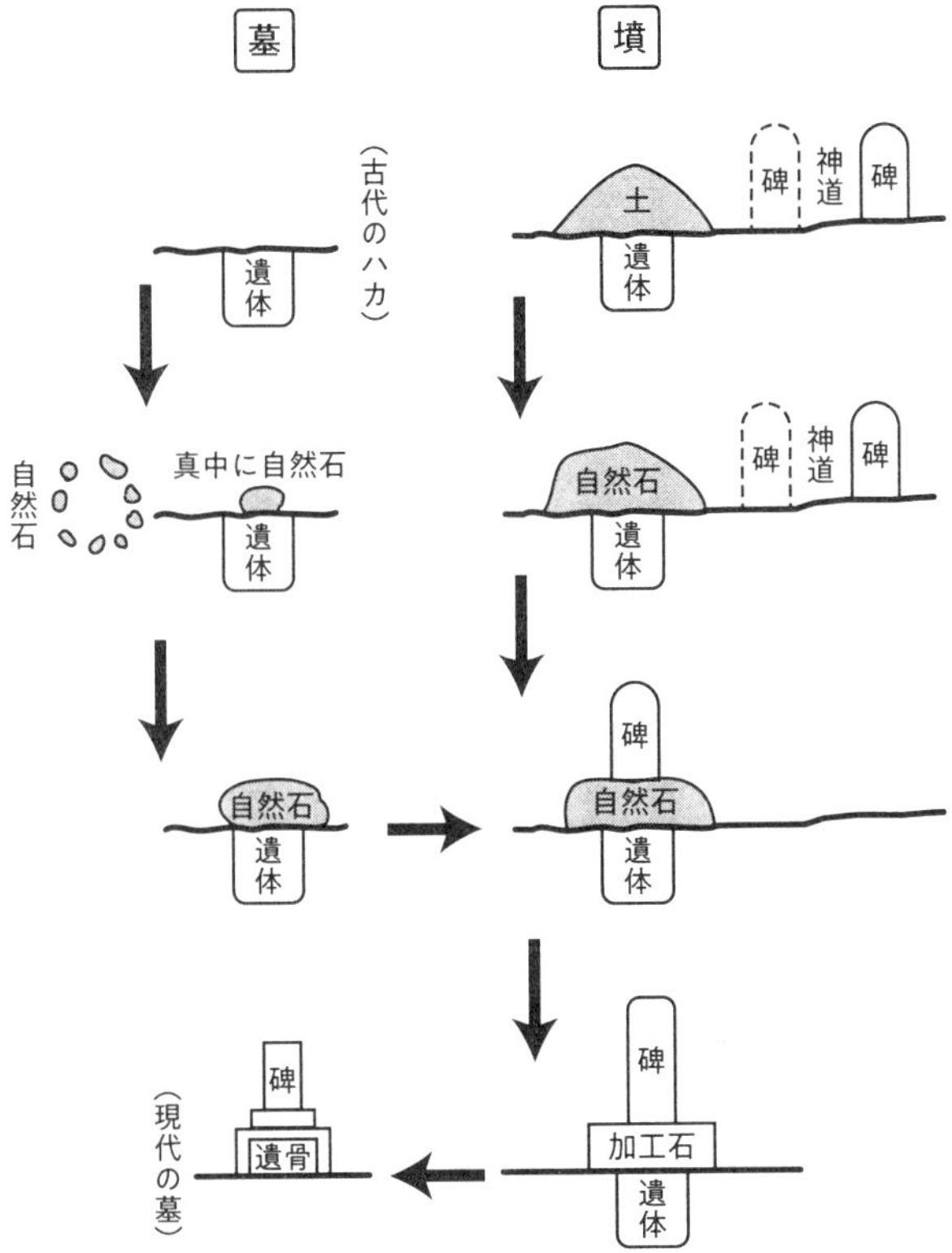

※碑（実線で示す）は墳から離れて神道の入口のところに建てられていたが、しだいに神道が分らなくなってゆき、墳のすぐ前に碑（点線で示す）を建てるようになった。その墳は土で盛るのが普通であった。

※※平地の墓の場合、真中に石を置くよりも（上方から見た平面図として見ると）上左図のように埋葬した遺体の回りを自然石で囲むことが多い。

しかし、親鸞は疑いを抱いたのである。仏教信者にとって、最高のありかたは、なんと言っても覚りを得て解脱し、輪廻転生の苦しみから脱することである。けれども、それは、凡人にはなかなかできることではない。

ところが、阿弥陀仏は、衆生を救うという本願をお立てになっている。それならば、弱い人間は、仏そのものにはなかなか成れないものの、せめてその本願にすがって、浄土に往きて生きることにしよう、と。だからひたすら阿弥陀仏を信仰することが大切となる。

そのように、浄土に往生を求めれば、葬儀も不要、墓も不要、先祖供養も不要となる。真に阿弥陀仏を信ずるならば、輪廻転生すら消えてしまうのである。そのことを親鸞は明言した。いわば、インド仏教の原理主義的立場を徹底したのである。

＊三六頁の「中国と日本とにおけるインド仏教の変容」参照

このように、親鸞は、阿弥陀一尊で浄土往生を願い、墓も先祖供養も葬儀も、すなわち儒教的なるものを全否定した。

ところが、親鸞が否定した葬儀・墓・先祖供養を、親鸞の弟子たちはけっして否定せず、逆に、実行してきたのである。もちろん、現在もそれが続いている。換言すれば、親鸞以後、ほとんど大半の弟子・門徒は、親鸞の教えに背いているわけである。その宗旨から言えば、たとえば、蓮如五百回忌などという先祖供養に至っては、歴史上の人物としての回顧というのならばともかく、供養としての五百回忌などという考えかた自身が根本的におかしいのである。

しかし、真宗大谷派も浄土真宗本願寺派も平然として墓を作り、葬儀や先祖供養を行なっている。これは実は信者の要求なのである。すなわちそれほど一般日本人の感情として、招魂再生のシャマニズム感覚が強く生きているのである。それはもはや原感覚と言っていい。そのような原感覚が日本人の根底にある以上、現象がどうであれ、その本質はまず動かない。

自然葬とは、一言でいえば、インドの火葬すなわち遺体を骨灰にして母なるガンジス川にもどす葬法と同じことである。本書二七頁に述べるように、日本には火葬などはない。現代では、遺体を焼却するものの、その遺骨を収めて、墓に納骨している。すなわち遺骨の土葬をしているのであって、断じて火葬ではない。焼却したものの、わざわざ遺骨を集めて納骨し墓を作るのは、インド式火葬（骨灰の散布）の否定なのである。だから、親鸞が何と言おうと、信者はそれに従わないで墓を建て、慰霊するのである。蓮如五百回忌を支持するのは、そうした信者のシャマニズム的感覚のなせる技なのである。

もし自然葬を広めようと思えば、墓を否定するはずの浄土系宗派のお墨つきをまっさき駆けて得るべきである。あるいは乗りこんでいって自然葬をせよとの大討論会を起すべきなのである。教義上、同派は自然葬を支持するはずだからである。そういう会員候補の大票田があるのに、なぜ説得に行かないのか。おかしいではないか。

「家制度下の墓」という誤解

さらに自然葬の会には大きな誤解がある。それは、現代の墓は「何々家之墓」となっており、家制度の下の旧弊なものであるという主張である。

この意見は噴飯ものである。人間は、殉死や心中死など特殊な場合を除き、すべて一人淋しく死ぬ。これは鉄則である。たとい死病の流行があり大量死があろうと、結局は一人で死ぬのである。だから、死体を納める墓は必ず個人墓である。あるいはせいぜい夫婦墓《めおと》である。もちろん、今日の個人主義などとは何の関係もない。要は、死が一人ずつに襲いかかってくる現実に基づいて埋葬する結果だけのことなのである。

ところが、遺体をそのまま土葬するのではなくて、焼却してわずかの遺骨を納める遺骨式土葬が近現代になって普及してくると、肉体全体を納める個人墓のような大きな場所を必要としなくなった。そこで納骨式の合祀墓となってきて、墓が一つとなり、全体を表現するために「何々家之墓」という碑を建てるようになったのである。なにも家制度などからきたのではなくて、遺体処理の方法の変化に連動しただけのこと。

それでもなお納得しないというのであれば、借問する。「何々家之墓」が明治民法以来の家制度下のものであると言うのであれば、そうした家制度がもっと厳しく行なわれていた江戸時代の墓がなぜすべて個人墓であるのか。「何々家之墓」式の墓がないのはなぜなのか。しっかり答えていただきたい。家制度だったから「何々家之墓」となっていると言うのであれば、江戸時代が個人墓であるのは、江戸時代が個人主義の時代だったからとでも答えるのか。

墓地造成よりゴルフ場造成に反対せよ

先に述べたように、東北アジアのシャマニズム感覚からすれば、招魂再生によって慰霊を行なう日本人は、その根拠となる遺体の存続（現在では焼却した遺骨の存続）を絶対に否定しない。だから、墓を持つことに執着するのである。日本人は遺骨を散布する火葬に賛成しない。だから、自然葬の会員数はいずれまもなく頭打ちとなり、それ以上、伸びることはない。先述のように、親鸞以後の一向宗信者の姿を見れば実験済みである。

日本人にとって、墓参りという慰霊行為は本能的なものであり、墓参によって己れの心の安定を得ることができる。墓は、いわば日本人の精神の安心場所でさえある。そのような場所すなわち墓地の持つ大きな精神的意味は、なにものにも代えがたい。

墓の多くは、寺域内や、あるいは各家が持つ墓地内に建てられる。ただ、今日では、人口の都市集中のため、大都市近郊に墓地を求める人が増え、確かに大がかりな墓地造成が行なわれている。

しかし、それら墓地は日本人の精神に安定を与えるという、数値では計量しえない大きな価値を有するものなのである。それも山間の場合が多く、それこそ周りは自然に囲まれており、広い意味で死者が自然に帰る雰囲気をも有している。

もっとも、最近では、交通の便の問題などから、都会地の寺院が納骨堂や納骨式墓地を作るようになってきているので、これからは、自然の中の墓地よりも、都会地の納骨式墓地が主流となることであろう。その展開とともに、競争原理上、自然の中の墓地造成はしだいに減ってゆくことであろう。

また、自然環境の破壊と言うが、一般的に言えば、人間はその人為的生活において、歴史上、常に環境破壊をしてきたのである。早い話が、たとえば、われわれの住む家の建築自身が自然環境破壊以外のなにものでもないではないか。そのように考えれば、それこそ人間生活のすべての人工的なものが環境を破壊しているのであり、それを禁止するなどということは非現実的である。

大切なことは、人間が犯しているあらゆる自然破壊において、価値があり許されるものは何かという序列を作り、その内のマイナスの大きなものを否定するという選択しかないのである。たとえば、中国大陸において水力による電力を得るためにダムを作ることが多いが、これなどは大がかりな自然環境破壊である。しかし、電力を得ることによるメリットを計るとき、中国人はダム作りを選んだのである。そういうものなのである。

日本の場合、たとえば、山間部の造成の場合、大がかりなものとしてゴルフ場の造成がある。これなどは、広大な地域を少数の者だけが楽しむ施設である。しかも、スポーツなのであるから、ゴルフでなくとも、その代替的なスポーツはいくらでもあるのであって、スポーツとしてはゴルフでなくてはならないという理由はない。

このゴルフ場こそ、自然環境の大破壊者であり、しかも人間生活にとって価値の低いものである。このゴルフ場と墓地とでは、まったく価値が異なる。山間部の墓地造成を自然環境の破壊と言うのであれば、ゴルフ場造成はどうなるのか。

また、ゴルフ場は雑草を生やさないように除草剤をばらまいている。土中にしみこんだその化学物質が将来どのような形をとって現われるのか、だれにも分らぬ不気味な散布である。しかし、墓地では、春秋の彼岸や夏の盆のころ、あるいは冬の大晦日や正月に、墓参者が手で草取りをしているのである。清掃をし、一家で経文を唱え、祖霊に回向《えこう》をして故人をしのぶ。これに反して、接待ゴルフだの、賭けゴルフだのを社用で行なったりしている人たちの精神状況と比べてみるがいい。

ゴルフ場は広大であり、そこで楽しむ者の総数で割ってみても、なお一人当りの占有面積は相当なものであろう。これに反して墓地の場合、一墓域はせいぜい一坪（三・三平方メートル）程度のものである。道路や付帯設備の面積を考慮しても、一人について大した占有面積ではない。

自然葬の会が、墓地造成が自然環境破壊だと言うのであれば、その主張の本質からすれば、ゴルフ場造成の自然破壊について、当然、厳しい反対運動をすべきである。しかし、どういう意見を持ち、どういう行動をしているのか、寡聞にして知らない。もし本当に自然環境保全を叫ぶならば、墓地造成よりもゴルフ場造成に対して徹底的に反対運動をすべきである。しかし、していないではないか。

さらに言えば、自然環境破壊となれば、ゴルフ場造成のみならず、道路作りなど公共投資の仕事においてさまざまなものがある。それらに対して、どういう観点から、そしてどういう根拠で、どういう反対運動をしているのか、答えるべきである。

なぜ海や山に散骨するのか

自然葬の会は遺骨散布を海上に、あるいは山中において行なっている。私にはその意味が不可解である。なぜ海や山なのか。たとえばゴミ箱に捨てることをなぜしないのか。捨てるならゴミ箱葬でいいではないか。

しかし、ゴミ箱に捨てないのは、思うに、自然葬の会の人にも、やはり東北アジア人の心情のままに、霊魂の存在を認め、それに対する慰めの意識があるからであろう。すなわち、霊魂の行く手は汚いゴミの中ではなくて、清らかに海や山へ、というふうに思っているからである。

この点が問題である。インド人のように、死後の肉体には何の意味も認めないというところまでは徹底していないのである。なんとなく慰霊の気持があるのである。だからであろう、海上散布の場合、その場所は、東経何度、北緯何度、水深何メートルと特定して記録して遺族に報らせているのである。これは、つまりは墓を建てるのと同じことではないのか。

本当に大自然に帰ることを望むのであれば、そういう特定は不要である。まして、その附近に花束を投じるなどというのは、未練たらしくて見苦しい。

推測であるが、そういう未練がましい人たちは、おそらく家においては、一周忌がどうの、三回忌がどうのと、先祖供養をすることであろう。ただ、墓がないので墓参りをしないだけのことである。それなら、現在、地方から都市に住みつき、望郷の気持はあるものの、郷里への墓参が困難でなかなかできず、仏壇に向い先祖供養のみをしている人たちと、どこがどう違うのであろうか。

つまり、自然葬の会は、死者に対する供養、先祖供養を否定するのかしないのか、それを問いたいのである。

（A）墓も先祖供養も両方とも否定するのか、（B）墓だけ否定して先祖供養はするのか、ということである。もし（A）であるならば、インド的である。たとえばオウム真理教には、そういう仏教原理主義に近いところがあった。もし（B）ならば、先祖供養で呼びだすその魂とは、どういう魂なのか。単なる観念としての魂なのか、あるいはなにか宗教的あるいは宗派的な理由づけがあるのか。そこまで考えての話でなくてはならないのである。

なぜなら、儒教的な魂、インド諸宗教的な魂、キリスト教的な魂、というふうに、魂にはいろいろな宗教的理由づけがある。だから儒教やキリスト教（ユダヤ教・イスラム教も）では、墓が必要である。儒教の影響下にある日本仏教の大半も同様である。そういう諸宗教の魂とは別に、（B）としての墓なき魂（そして魄）とはいったいどういうものなのか、説明してもらいたい。もしそれができないとすれば、自然葬の会が言う自然葬は、葬儀の単なる形式にすぎないではないか。それならば、新規加入の葬儀業者であるということにすぎないのであって、自然環境破壊反対などというもっともらしい運動をする思想的・宗教的根拠などはない。

死生観なき葬法の底の浅さ

自然葬の会の主張を聞いていると、葬儀すなわち前近代的なもの、墓すなわち家制度下のもの、というような、非常に単純な近代主義、進歩的文化人意識めいたもの――ひいては社会主義者の残党の遠吠えのように聞こえる。要は、環境論者であり、墓問題を手がかりに家族をつぶそうとする、いわゆる〈進歩主義者〉なのである。

同会は、死生観という本質的なものはイデオロギーなどとは関係がないということが分っていないのである。すべてをイデオロギー的にしか見ることができない硬直した思考である。

また、墓と言えば、今日に見るような石塔墓を基準にして考えるという誤りを犯している。墓であれ墳であれ、なぜハカを作るのか、その根本的意味――すなわちその死生観とは何であるのかというところから問わずして、ハカを語ることはできないのである。

前述したように、世界において、今日なおハカを建てているのは、ユダヤ教・キリスト教・イスラム教という砂漠起源の宗教文化圏、そして中国・朝鮮半島・日本という儒教文化圏のみである。それらはそれぞれきちんとした死生観があり、その死生観に基づいてハカを建てているのである。

一方、ハカのない諸文化圏のうち、インド文化圏は、同じく死生観に基づいて、あえてハカを作らないのである。すなわち火葬して遺灰を散布してしまうので、ハカを作る必要がないのである。

自然葬の会の主張とは、要するに、儒教文化圏において、インド式火葬を行なうというだけのことである。それだけのことであるのに、どうして事新しいものであるかのように宣伝するのであろうか。

これにはマスコミにも責任がある。上述のようなことでしかないのに、さも新しい現代的なものと言わんばかりに盛んにとりあげては自然葬の宣伝の片棒をかついでいる。なかには〈自然葬が広がっている〉というデマさえとばしている者もいる。そういう宣伝を見れば見るほど、勉強不足であるマスコミの底の浅さを知るのである。

断じて予言しておく。儒教文化圏の日本人の心情に沿うことのできない火葬（遺骨の散布）、いわゆる自然葬は、少数のお調子者のみしか行なわない葬法である、と。

第七章　仏壇の復権
——家族の求心力として

個人主義に対する最大の誤解

「天下の悪法」ということばがある。かつて進歩的文化人は大正時代に登場した治安維持法をその代表例としていた。しかし、治安維持法はもう廃止されている。それでは、現在、「天下の悪法」があるのであろうか。ある。それは日本国憲法である。

日本国憲法については、従来、その出生や成立過程の後ろ暗さ、あるいは「戦争の放棄」などが議論の中心であった。しかし、それらは第二次的な問題にすぎない。日本国憲法の根核は個人主義を標榜している点にある。そしてここからさまざまな非常識な事態が生まれ、今日に至っているのである。

個人主義——この問題について、私は何度も述べてきた。しかし、ほとんどだれも耳を傾けようとしないので、いま一度繰り返し述べることを許されたい。

個人主義に対する最大の誤解は、それが人類にとっての普遍的絶対最高思想であると思いこんでいる点である。もちろん、私はこの世に普遍絶対的なるものが存在することを否定しはしない。しかし、普遍絶対的なるものは自分の頭で身体で主体的に捉えてこそはじめてその価値が生ずるのであって、他人から言われて、あるいは物まねで納得するものなど、普遍絶対的なものでも何でもない。観念的なただの知識にすぎない。

個人主義がその絶好例である。明治維新期、日本が欧米先進国の物まねをしたことは言うまでもない。その物まねが物的なものから始まったことはもちろんである。先進技術に圧倒されたからである。そのとき、大いなる誤解が起こった。欧米の彼らがすぐれた文明（技術）を持っているのは、その背後にすぐれた文化（生き方）があるからであると。すぐれた物質文明の背後にすぐれた精神文化がある、と。

こうして、欧米近代思想である個人主義が日本に紹介され導入されてゆく。当然、日本における伝統思想――家族主義との衝突が起こった。そしてこういう図式が描かれたのである。欧米近代思想である個人主義は、前近代を超克して登場してきた歴史的必然としての進歩的思想であり、普遍絶対的なものである。これに対して、日本伝統の思想である家族主義は、封建的な前近代的思想であり、日本の近代文化においては、否定されるべきである、と。

もちろん、個人主義が簡単に普及したわけではない。しかし第二次大戦の敗戦によって生まれた日本国憲法が個人主義を高々と謳いあげた。そして明治民法「親族篇」が可能なかぎり個人主義的立場の条文に改められたのである。それは明治民法に色濃い家族主義的立場の否定であった。

それから八十年、もはや個人主義を正しい普遍的思想とする状況がほぼ十分に作りあげられ、世は滔々《とうとう》としてその方向にあり、家族主義は悪であるかのような論調で溢れている。それを推進しているのが、日本国憲法を盲信している人々である。〈進歩的〉民法学者、〈進歩的〉ジャーナリズム、そしてほとんどの教員がその例である。

しかし、この推進運動は完全に失敗であった。その理由は個人主義の誤解にある。それはどういう意味であるか。

自律・自己責任のない利己主義

個人主義――これは数多くある思想のうちの一つにすぎない。しかもそれはキリスト教文化圏の近代において生まれた特殊個別的なものである。ところが、産業革命を軸にしていわゆる近代国家を作った欧米諸国が個人主義であったために、その軍事力を背景としての世界的進出と指導性の発揮とに引きずられ、個人主義が理想であると世界中で誤解されたのである。
このキリスト教は唯一絶対神を信仰するので、信者にとっては、神と自分との関係が最も大切である。その中間に、教会や国家や地域社会や家族など多くの組織が存在するが、それが何であれ神とは比べものにならない。もし神に比べれば、微々たるものでしかない。

さて、唯一絶対神を信仰する信者は、神に対して畏怖の念を抱く。だから、自律する。自分に厳しくする。その結果、自立する。当然、自己責任の意識が強い。そういう自己責任を持つ立場で決断するものこそ主体的な自由である。勝手放題ということではない。そうあってはじめて個人主義と言えるのである。

もっとも、近世から近代にかけての人間主義が科学主義と二人三脚で絶対神を殺してゆく。しかし、神への畏怖に基づいていた個人主義は、神を失っても〈自律による自立〉という気分や意識のままに相当長い期間、残続していった。だが現代に至って、キリスト教から離れた無信仰者が多く登場するにつれて、自己責任を持つ個人主義が、神なく畏怖もないまま次第に自律をなくしてゆき、利己主義者へと変貌していってい る。その典型がアメリカ社会の野放図な自由（実は勝手気まま）の享楽である。あるいはフランスの複合家族（正式の結婚をしないでいろいろな連れ子も含めた同棲生活）とやらである。そこにあるものは、徹底的な利己主義。それは禽獣の生活をすることである。これが神なき個人主義の成れの果てである。そこにはもはや思想というものはなく、〈禽獣の世界の絶対肯定〉があるだけである。

つまり、現代に至って利己主義が肥大し、個人主義はもう御用済みとなったわけである。欧米近代において人間主義を謳歌したときは、自律や自己責任といった道徳が生きていた。それによって個人主義が社会性を持っていたのである。しかし、現代の欧米における己れの勝手気まま利己主義には、道徳というものの必要がない。となると、利己主義は非社会的あるいは反社会的とならざるをえない。そうした利己主義の排他性を抑えるものとして、現代欧米において最も有効なものは、法律である。強制力なき道徳ではなくて、強制力のある法律（特に刑法関係）によって、辛うじて利己主義者の非社会性・反社会性を抑えている。このように〈徳治国家〉でないので、それをごまかして、体よく〈法治国家〉と言っているだけのことである。

さて我が国の場合、個人主義を導入したとき、もちろんキリスト教抜きであった。だから最初から自律も自立も自己責任も無縁であった。とりわけこの五、六十余年、学校やオピニオンリーダーたちが個人主義のみを人の頭に刷りこんだ結果、抑止力なき個人主義は、完全に利己主義として定着した。小学校から大学に至るまで、学校は卒業証書の数だけ利己主義者を生み出してきた。

こういう利己主義者であるかぎり、例えば、外国軍が侵略してきたとき、「逃げる」という人が多いという。それは利己主義者としては当然の選択であって、だれがそれを嗤うことができるであろうか。もはや日本の精神的背骨の中身はスカスカの骨《こっ》粗鬆症《そしょうしょう》状態なのである。

日本人をこういう状態にした最大原因は、個人主義を普遍絶対的なものとして高らかに主張した日本国憲法にある。個人主義、自由の名の下、日本人を完全に利己主義者化し、今後もそれを続けさせようとするのが、我が国の最高法規である。これを天下の悪法と呼ばずして何と呼ぶのか。

個人主義的家族と儒教的家族と

個人主義は、キリスト教文化圏において近世から近代にかけて成り立ってきた、特定の文化圏の特定の時代の思想にすぎない。そのキリスト教文化圏においても、キリスト教信仰の影響力が激減した現代においては、もはや過去の思想となりつつあるのであって、その普遍的と称した化けの皮がいまや剝がれつつある。普遍的に見えたのは、彼らがかつて軍事力によって世界に植民地を作り、世界における指導性を持っていたことに依るにすぎない。

神への信仰心がゆるぎ、個人主義の崩壊により利己主義全盛となりつつあるキリスト教文化圏における今後は、その社会再建の最終ポイントを、おそらく家族の絆《きずな》に求めてゆくのではあるまいか。ただし、個人主義における家族は、われわれ東北アジアの家族と異なる。個人主義においては結婚は個人と個人との契約であるから、契約履行が忠実になされないときは離婚（契約破棄）となる。だから彼らは、契約を守ろうと努力する。すなわち家族関係を維持しようと思えば必死になって契約を守らざるをえない。それが彼らのめざす家族の絆である。

それでは、明治維新以来の日本が近代化への全力集中をする以前、われわれはどういう文化（生き方）を持っていたのか。それは決まっている。儒教的家族主義である。世界において、キリスト教文化圏の個人主義以外、ほとんどの地域は家族主義である。しかし、以下に述べるように、儒教的家族主義はその他の家族主義とは截然《せつぜん》と異なる独特のものなのである。

家族への畏怖が利己を抑止

儒教における祖先祭祀と遺体（子は親の遺《のこ》した体）と——この二つの概念はつながっており、こうした生命の連続の現実化されたものとして家族を見るのである。当然、夫婦や家族は契約によって成り立っているのではなくて、生命の連続の一環として存在している〈神聖なもの〉という観念となる。事実、家族とは、こわしてはならないもの、こわれてはならないものという感覚で捉えているのがわれわれである。だから、離婚を契約の解消という法律的レベルとして受け取らず、会社などでは、一種のよろしからざるものという道徳的な受けとめ方をする感覚が依然としてある。

そのように、生命体として家族を見ているから、個人としてではなくて、自分は個体として家族の輪の中にある、リンクされているという考え方をする。だから、ちょうどキリスト教文化圏において神を畏怖し、その畏怖から自律する道徳が生まれたように、儒教文化圏においては、家族を畏怖し、その畏怖から自己の行動における悪を振り棄てていこうと努力する道徳的立場となるのである。人間のエゴを、キリスト教では神が、儒教では家族が抑止していたのである。キリスト教文化圏における個人主義も儒教文化圏における家族主義も、同じく利己主義の抑止装置であったのである。

その意味では、意識や方法こそ違え、利己主義を排撃するという意味においては共通するものがあった。

にもかかわらず、家族主義に対してそれを否定する方法として、個人主義が最も有効であると受け取られてきたのである。その結果、とりわけこの五、六十余年、個人主義を建前とする人々は、家族主義を否定してきた。そのときの根拠となったものが欧米流の日本国憲法であった。欧米先進国の物まね第一という、日本知識人の典型的なあり方である。すなわち自分の頭で考えることができず、権威主義のままに欧米に平伏《ひれふ》す劣等意識であり、日本国憲法の本質を疑ってみるという、主体的あり方はなく、歴史の流れなどという情緒に漂《ただよ》う情況主義である。そこには論理とか、主体とか、思想的苦闘とか、そういうものは全くない。そういう例は転がっている。たとえば、夫婦別姓運動を推進しようとしている榊原富士子（弁護士）はこう言う。夫婦別姓は「時代の流れだ。……この流れは止まらない」（『毎日新聞』平成八年六月十八日夕刊）と。流れのままにうたかたと浮かぶこの姿は、明治以来の日本知識人の典型である。こういう人は、情況が変わればどちらへでも転ぶまでである。

義務の自覚なき日本人の〈自由〉

日本国憲法は個人主義を唱えたが、それは利己主義となってしまった。一方、個人主義を打ち出すことによって法律的にも社会的にも道徳的にも家族主義を解体する方向へと推進した。そのため、家族主義によって抑止していた機能が家庭において弱くなり、そこからも利己主義が生まれてきた。つまり、日本国憲法の下、個人主義を推進して利己主義者を生み、また一方、家族主義を解体してそこからも利己主義者を生んできたのである。いま、この利己主義者を管理するものは法律、あるいは利害関係である。この利害関係から生まれてきたものには、何でもありである。その極致が拝金第一、欲望第一である。そこらの週刊誌や新聞の報道を見ればいくらでも例をひろえる。

では、日本はこのままでいいのであろうか。

いやいけない。このまま利己主義が横溢することは、日本全体の衰弱となり、あるいは亡国への道を歩むことになりかねない。

それではどうすればよいのであろうか。

利己主義を法律で抑止することは、当分、やむをえない。しかし、いつまでも法律の強制力に頼るわけにはいかない。人間の良心に基づくのが望ましい。とすれば、われわれが選択できるものは、さしあたり個人主義か家族主義か、そのどちらかである。私は、個人主義か家族主義か、キリスト教文化的個人主義か儒教文化的家族主義か、その選択をつきつけられたとき、最終的には、おそらく多くの日本人は後者を選ぶであろうと考える。「個人の尊重」などという日本国憲法の立場を守るというのは、よほど個人主義に対する自覚がなくてはできることではない。とりわけ自由との関係においてである。たとえば夏目漱石はすでに大正三年においてこう述べている。「義務心を持っていない自由は本当の自由ではないと考えます。というのも、そうした我儘《わがまま》な自由は決して社会に存在し得ないからであります。……私は貴方がたが自由にあらん事を切望するものであります。同時に貴方がたが義務というものを納得せられん事を願って已《や》まないのであります。こういう意味において、私は個人主義だと公言して憚《はばか》らない積《つもり》です」（講談社学術文庫『私の個人主義』一四九頁、仮名遣い等は改めた）と。

このような、義務を自覚しての自由の下に行動する個人主義はいまの日本においてほとんど存在していない。つまり、断じて利己主義でない本物の個人主義は日本人とは縁遠いのである。そのことは周《まわ》りを見ればすぐ分るではないか。とすれば、結局、われわれ日本人が依るべきものは、伝統的な儒教的家族主義しかないのである。

と論じてくると、ただちにヒステリックな反対論が聞こえてくる。儒教などという人間を抑圧する封建的な道徳を核とする家族主義など否定すべきではないか、と。

このようなヒステリックな反対論を聞くたびに、私は日本においてどれほど儒教が誤解されてきたかといつも思う。無理もない。拙著『儒教とは何か』等が刊行されるまで、肝腎の儒教研究者までヒステリック反対論者の理解と似たような儒教理解であったからである。しかしいまは異なる。拙著がたとえば「儒教とは生命の連続を大切にする思想である」ことを主張している。その一つを取りあげてみるだけでも異なった儒教像が現出してくるであろう。

そういう儒教の姿を知らず、無視してきたのが特に戦後である。そして行きづまっている。人間の知恵としては、行きづまれば過去を振り返り、何か打開の道を探るのが定石である。「温故知新」（故きを温めて新しきを知る）と『論語』は述べている。それを翻訳すれば真理は「時を越えて新しく」ということであろう。

民法出でて忠孝亡ぶ

儒教文化的家族主義とキリスト教文化的個人主義との対立という問題は、けっして最近のものではない。我が国に欧米文化が洪水のようにして流れこんできた明治時代において、尖鋭に意識されたのである。とりわけ、不平等条約改正の条件作りのために諸法律の策定を急いだが、その法律の審議のときであった。

先述のように、その諸法律の内、家族の問題を扱う、民法の親族篇が最大問題であった。なぜなら、儒教文化的家族主義に基づく家族観と、キリスト教文化的個人主義に基づく家族観とでは、家族に対する考えかたが根本的に異なるからである。

さらに、明治時代の法学者は、近ごろの欧米コンプレックスの法学者と異なり、儒教文化的家族主義を知識としてではなくて、すでに体得していただけに、キリスト教文化的家族観には大きな抵抗を覚えていたのである。そこには欧米思想との内発的な格闘があった。

そうした格闘の代表こそ、明治二十四年発表の穂積八束の論文「民法出《いで》テ《て》、忠孝《ちゆうこう》亡《ほろ》フ《ぶ》」(『日本婦人問題資料集成』第五巻「家族制度」所収・ドメス出版・昭和五十一年)であった。

同論文は、約三千字（四百字詰原稿用紙で八枚弱）の短いものであるが、その内容は、キリスト教文化対儒教文化の問題の本質を射抜いた重要な意味を持っている。その大旨は次のごとくである。「　」内は原文のまま。

キリスト教がローマ帝国において西暦三八〇年に国教化される以前のころ、たとえばその代表であるギリシア時代・ローマ全盛時代においては、家ごとにその祖霊を祭ることがふつうであった。

＊穂積は、そのことをフェステル・ド・クーランジュ（名著『古代都市』がある）の業績に基づいて述べている。

すなわち、日本古来の「祖先教」と同じく、ヨーロッパもかつては「祖先教」であった。それは、「家神」、「祖先の神霊」を中心とするものであった。ところが、「耶蘇《ヤソ》教」（キリスト教）が隆盛となるに及んで、「一男一女ノ自由契約」すなわち夫婦単位の家族となった。

そのような「耶蘇教」に基づく民法は、日本の伝統的家族を破壊する。

以上のように批判したのである。すなわち「祖先教」（儒教文化的家族主義）と「耶蘇教」（キリスト教文化的個人主義）との対立を明治民法においてすでに見抜いていたわけである。それを次のように述べている（分りやすいように、読みがなや句読点を付した）。

民法〔明治民法〕ノ法文〔は〕、先《ま》ヅ国教〔伝統的祖霊信仰〕ヲ排斥シ、家制ヲ破滅スルノ精神ニ〔よって〕成リ、僅《わずか》ニ「家」「戸主」等ノ文字ヲ〔明治民法に〕看《み》ルト雖《いえども》、〔中途半端であり〕却《かえ》テ之《これ》ガ為《ため》ニ〔個人主義精神に基づく一貫した〕法理ノ不明ヲ招ク。

つまり、明治民法は、個人主義としての体系性が欠けていると批判しているわけである。「民法（キリスト教文化的個人主義）出でて忠孝（儒教文化的家族主義）亡ぶ」は、そういう意味である。私から言えば、明治民法親族篇は、一半が儒教文化的家族主義、一半がキリスト教文化的個人主義である。その妥協、折衷に対して穂積は、続けてこう痛烈に述べている。伝統的ありかた全体を踏まないで部分的主張をしているので、「家」「戸主」等ということばは、有機的また実質的なものを欠いた「空文」であるとし、そのようなものはないほうがましだ、と。すなわち「空文〔などは〕無キノ優《まさ》レルニ若《し》カザルナリ。嗚呼《ああ》、極端〔な〕個人本位ノ民法ヲ布《し》キテ（発布して）、三千余年ノ〔祖先教の〕信仰ニ悖《もと》ラントス」と。

この明治民法が、日本の敗戦後に生れた日本国憲法という徹底したキリスト教文化的個人主義の精神の下、親族篇が改められ、現民法親族篇は、完全に個人主義的内容となったのである。このことを、まずは十分に理解すべきである。

この個人主義なるものが、キリスト教を欠いた地域、たとえば儒教文化圏では利己主義となってしまうことは、すでに述べたとおりである。すなわち、現代日本人は、個人主義者でもなければ、伝統文化的家族主義者でもなくて、哀れな利己主義者なのである。穂積八束の先を見る眼は確かであった。

そこで、あえて本書の立場を総整理して言えば、こういうことである。欧米のようなキリスト教文化圏においては、キリスト教文化的個人主義に基づき、男女が各個人間の契約として家族を構成する。しかし、儒教文化圏においては、祖霊信仰を核として、祖先以来の〈生命の連続〉を実現する〈神聖な〉場所・関係として、家庭・家族を位置づけるのが、儒教文化的家族主義である。それが、儒教文化圏における〈家族の思想〉である。

家族の問題を論ずる場合、こうした宗教やその死生観を根底にすえなくては、真の把握はできない。

仏壇にみる儒教的死生観

もう一度、儒教的家族主義を見直そうというとき、では具体的にはどのようにすればよいのかということになる。その方法はいろいろあるが、さしあたり最も具体的な方法として、私は家にある仏壇を中心に観察することを主張したい。

仏壇——それは儒教ではなくて仏教ではないかといぶかる人がほとんどであろう。無理もない。そう思うのが普通である。しかし、仏壇は儒教的なものなのである。

先述（本書四三頁）したように儒教では魂・魄の憑りつく場所である神主《しんしゅ》（位牌）を並べて祭っておく宗廟《そうびょう》という別棟《べつむね》の建物がある。この別棟の廟が、後に自分らの住居、すなわち同じ棟の中に取り入れられ、一室をそれにあてがう。それが祠堂であ

図９

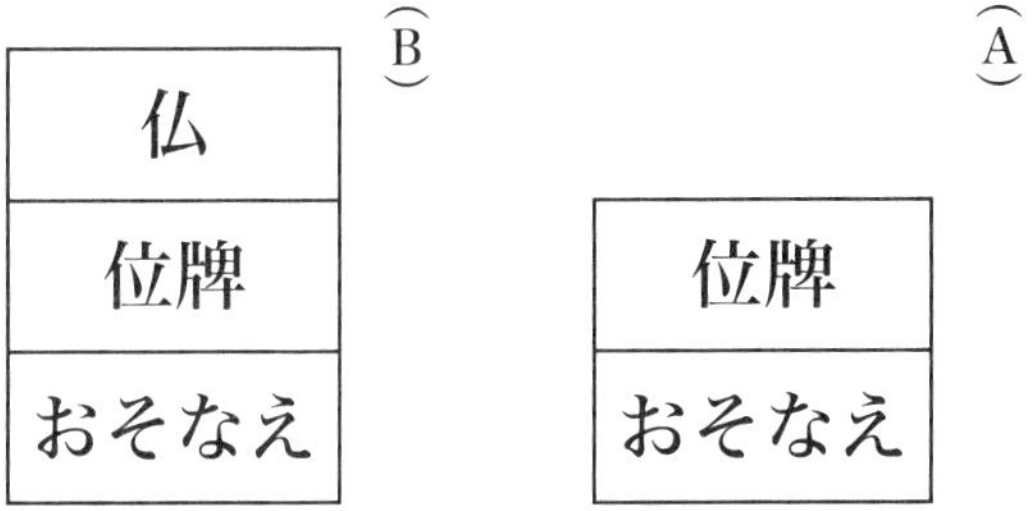

る。こうした中国仏教の儒教取りこみがそのまま日本に入ってくる。日本仏教の成立である。祠堂は日本仏教における仏間である。仏教であるから祠堂・仏間には、本尊の仏像がある。その仏像の周辺に位牌が並べられる。儒教の廟においては、中心にあるものは一族の始祖の神主であるが、仏教ではその位置に本尊がくるわけである。そして始祖の意識であろうか、個別の位牌のほかに、「某家先祖代々之霊位」というような、一族全体のための位牌も作られるようになってゆく。

儒教は一般的には住居において、A図のような形で祠壇に祖先を祭っていた。仏教はこのA形を生かして、いや真似《まね》て、その上に仏をドッシリと置いたのである。B図のように。

このように日本仏教は、はじめから儒教の死生観を取りこんで、仏は人々の上にましますことを仏壇で形の上でも示していたのである。やがて江戸時代となり、キリスト教徒ではないことを示すための寺請《てらうけ》制度（いわゆる檀家制度）となると、一族が仏教徒であることを示すために、仏壇を持つようになる。やがて祠堂から祠壇へ、仏間から仏壇へとコンパクトになってゆく。そして明治維新以後、檀家制度はなくなったものの、先祖供養・墓・葬儀という儒教的死生観は寺院を通じて残り続けてゆく。そのようにして、一族の仏壇はやがて一家の仏壇へ、さらに戸ごとの仏壇へと広がってゆく。今日、ほとんどが核家族でありながら、或る生命保険相互会社の調査では、実に世帯の七五％が仏壇を持っているという。それは一九九八年の時点の調査であるが、現在では減少して、ほぼ四〇％強との調査もある。

祖先祭祀は家族の精神的紐帯

とすれば、家族・家庭と仏壇とは深い紲《きずな》で結ばれていることを示しているではないか。家の仏壇は中国や朝鮮半島にはない日本独特の存在である。この仏壇には、輪廻転生というインド仏教の死生観と招魂再生という中国儒教の死生観との二つが表現されている。それは二大文化の集約である。図10を見られたい。仏壇の略図である。真

図 10

仏壇略図

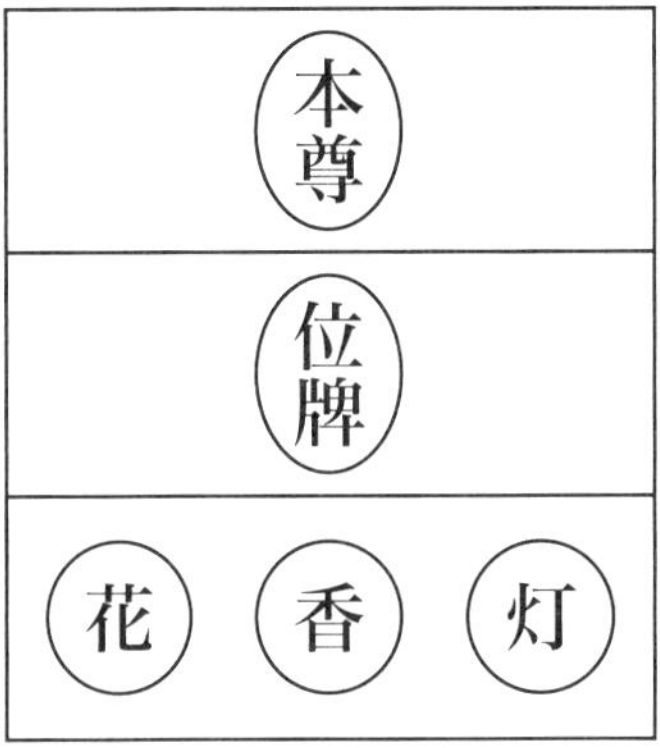

宗や浄土真宗などでは二段であり、同図の上の二段分を阿弥陀仏の立像で占め、位牌はないのがふつうである。しかし、仏壇内の左右の壁板に、法名（他宗派のいわゆる戒名に当る）を書いた紙を貼ったりしているから、事実上、位牌を建てている。

さて、朝、仏壇にお参りするとしよう。それは何を意味しているのか。本来は仏教のための仏壇であるから、最上段に本尊（絵像が多い。もちろん彫像もある）が座《ま》します。そこで最下段に花を供えて、たとい簡単な経文でもいい、それを読誦し、「本尊さま、あなたのことば（経文）に従います」という信心を示し、輪廻転生の苦しみからお救いくださるようお祈りする。

次にろうそくに火をともす。灯明である。これは魂が暗いところにいるとするので、仏壇へ来る道をまちがえないようにするための誘導ライトの役目をする。同時に火種となっているので、この火によって線香に火をともす。焼香である。この線香の香煙に乗って魂が降りてきて、位牌に憑《よ》りつく。なお儒教では、地に清水をまき、地下から魄を呼びもどす。すなわち祖霊、亡魂がこの世に招魂再生したわけである。そこで遺族・子孫である我々は、祖霊と出会い、「ご先祖さま、おはようございます。今日も一日よろしくお願い申しあげます」とご挨拶するわけである。その日がたとえば亡母の命日に当っておれば、亡母と出会うことになる。そして灯明の火を消すと、祖霊はもとのところへ帰るわけである。これらはすべて儒教の儀式が根底にあり、日本仏教はそれらを巧みに使って、あたかも仏教の儀式であるかのように伝えていったのである。

八月のお盆において、十三日に麻幹《おがら》を焼いて迎え火として先祖の霊を呼び仏壇にまで導く。そして十六日には逆に祖霊を仏壇から外へ導き、再び麻幹を焼いて送り火として、もとのところへ送る。京都の「大文字」などの送り火はその行事を大がかりにしたものにすぎない。

私は、この仏壇に対する祭祀は非常に重要であると考える。家族における精神的紐帯《ちゅうたい》となることができる可能性があるからである。現在、多くの家庭はただ寝泊まりするだけのホテル家族と化し、そこに家族の結びつきの具体像が出てこない。話し合うと言ったって、世代の断絶を知るばかりである。しかし、若者といえども、まともな日本人ならば仏壇・墓に対する敬意を必ず持っている。親に対して馬鹿にする子どもといえども、祖霊に対する敬慕の念は微動だにしない。先祖供養・墓参りに対して、日常性を超えて、厳粛な死の影を意識する宗教心があるからである。

親は仏壇の前に座ることである。経本を読誦し、祖霊に対しては己《おの》れのことばで気持を述べることである。誠意をもって祭祀を行なうことである。出勤前といえども、数分のことではないか。そして子どもを己れの後ろに座らせることである。そして語れ、祖先以来の生命の連続を。われわれの生命が祖先から伝わってきた、貴重な遺体であることを。

子は親の背中を見て育つ。とりわけ親父の背中を見て育つのである。千、万の小言や苦言よりも、一つの祖先祭祀が家族をつなぐのである。今の日本の悲劇的な利己主義の社会をたとい少しでもくいとめうるものは、仏壇の前における家族の祭祀である。

それが元来は儒教の祭祀であったとしても、歴史の歩みの中で、仏教がそれを担ってきたのであるから、それを尊重することである。

ところが中には、こういう質問をする人がよくある、仏壇は長男の家にだけあるものではないか、と。

この答は簡単である。形式上、個人主義という立場に立つのが現代日本であるとして、それに基づいて祖先祭祀を行なうとするよりほかに道はない。すなわち、現代社会の実状に沿うことである。その具体的方法はこうである。一族が集まる祭祀（それが本当なのであるが）をしばらく凍結して、各世帯すなわち各核家族においてそれぞれが祭祀するという行きかたである。

親は親の家において、子もまたそれぞれの家において仏壇を備え、各家庭がそれぞれの都合にあわせて先祖供養することである。

従来は、一つの仏壇のもとに親族が集まるという形の先祖供養（祖先祭祀）であったが、現代では、時間的に、交通事情的に、経済的に、諸事情的に困難となりつつある。それならば、銘々が自分の裁量で行なえばよい。仏壇はなにも一族に一基と決まっているわけではない。先祖供養の本質はシャマニズムである。亡き人の霊魂を呼び、思い出すことなのである。亡き人の思い出を語ることなのである。そうした本質に基づいて儀式を行なえばよいのである。これが、個人主義下にある現代日本における先祖供養継続の可能性の道である。

それでは墓はどうするのか、と問う人が出てくる。たとえば、家の墓は名古屋にあるが、東京に住んでいるので、事実上、墓参は困難である。自分の墓もどうしていいのか分らないとかという質問である。

この答も簡単である。なにも遺骨を特定の一つの墓に納める必要はない。仏壇の下部を納骨所にして分骨して各家庭で管理すればよい。このごろ、寺院にロッカー式の祭壇（上部が仏壇、下部が納骨所）を備えつけているところを見受けるが、その祭壇を寺院においてではなくて、自分の家に置けばよいではないか。仮に転勤があったとしても問題はない。ロッカー式の祭壇もいっしょに移動すればすむ。

もちろん、近くの親族が集まるという従来の形も残ってゆくだろう。当然である。しかし、現代においてはそれが唯一絶対ではないと私は言いたいのである。要は先祖供養の本質を理解しておれば、形は実状に合わせればそれでよいのだ。

しかし、このロッカー式祭壇をだれも継承する者がない事態が、将来、生まれてこよう。そのときこそ、寺院はそれを受け入れる態勢を整えるべきであろう。「倶《く》会《え》一《いっ》処《しょ》」（倶《とも》に一処《いっしょ》に会《かい》す）の納骨堂と、位牌を納める新しい形の堂とを準備して。

寺院も移転する檀徒という新しい形を考えるべき時代にはいりつつある。信者も、要は、先祖供養でも墓でも、その本質的意味を知り、それに従えば済むことなのである。そういう自信を持っていただきたい。

第八章　不自由な教育・自由な教育

家族について考えるとき、当然、子どもの問題がある。しかし、紙幅上、現在の学校教育上の問題について二点にしぼって述べることにする。ただし、それは一時的な意味あいのものではなくて、儒教の本質的意味あいを含んでいる。

1　不自由にする教育

所沢高校の事件をめぐって

平成十年の春、埼玉県の所沢《ところざわ》高校の卒業式・入学式において、学校側と生徒会側とで衝突があった。と言うのは、生徒会は卒業式・入学式に参加せず、自分たちが主催する卒業や入学の集会に参加しようとしたからである。実は、長年、そのような生徒会主催の集会という形で行なわれていたのであるが、そのことに対して、最近着任した校長が、あるべき正式の形にもどすため、改めようとしたのである。このことをめぐってさまざまな報道や意見が述べられた。その中で、私は同校の生徒会権利章典なるものの内、「人間らしく自由に生きる権利」ということばにひっかかるものを覚えた。と言うのは、その意味が不明瞭だからである。わけても「人間らしく」ということば、これはどういう意味なのであろうか。

人はよく「人間らしく」と言う。ところが、その内容は人によっていろいろと異なる。しかし、「人間らしく」と言う場合、われわれの住む東北アジア（中国・朝鮮半島・日本など）においては、伝統的におよそ二つの対立的な意味がある。すなわち、儒教的意味と老荘思想的意味とである。

まず前者の儒教的意味とは、こういうことである。人間は山の中で独り住むのではなくて人間社会の中で生きている以上、人間と人間との間で作るルールや約束に従わねばならない。そこで、そうした社会性をまだ十分に持たない子どもに対して、しっかりと社会的規範（道徳・法ともに）を教えることになる。それがいわゆる教育である。そうした教育を受けることによって一人前の人間となることができる、と。

つまり、法や道徳をはじめとして社会的規範を身につけることが、「人間らしく生きる」ことなのである。それは、教育を受けない野生的な勝手気ままなありかたの全面的否定である。今日、「自由」ということばはほとんど「勝手気まま」という意味に近いが、その否定とは「不自由」である。すなわち、教育とは不自由にすることなのである。いわば、儒教的生きかたとは、「人間らしく不自由に生きる」ことなのであって、「自由な教育」などというものは、儒教的にはありえない。

「人間らしく自由に」の論理矛盾

一方、老荘思想的に言えば、それは儒教的生きかたの否定であるから、尽くるところ、人間と人間とのルールや約束の否定、すなわち教育の否定となる。

教育を受けない状態——その極致は赤ちゃんのように、なにも教育を受けていない自然的状態である。それを老荘思想は「人間らしく」として良しとする。いわば、通学して小賢しい知識などを学ぶことをせず、社会に関わることなく個に徹して暮すことが「人間らしく自由に生きる」こととなる。

整理すれば、儒教的生きかたとは「教育を受け、人間らしく不自由に生きる」ことであり、老荘思想的生きかたとは「教育を受けず、人間らしく自由に生きる」ことなのである。

さて、所沢高校の生徒会権利章典のように「人間らしく自由に生きる」ことを論理的に貫くとすれば、勢い、老荘思想的にならざるを得ず、「学校で教育を受ける」などということをやめるのが正しい。

しかし、所沢高校の生徒には自主退学する度胸など、おそらくありはしない。あくまでも、教育を受ける儒教的態度を取ることであろう。当然、論理の筋が通らなくなり、そのねじれの矛盾に陥ることとなる。

さらに言えば、老荘的自由は、人間社会における世俗的成功などを、ものに捉われた愚かしい行為であるとして否定するから、老荘的に自由を得ることは、同時に、現世的欲望の否定、すなわち清貧の生活を楽しむということになる。

はびこる勝手気ままな自由

自由すなわち清貧の生活――これが老荘思想の真髄である。東北アジアの歴史上、老荘思想に共感し、その生きかたに従った者は、進んで清貧の生活を選んだ。それが「人間らしく自由に生きる」ことであった。

ところが、今日の日本における自由は、清貧とはなんの関係もない。いや、それどころか、自由すなわち勝手気ままの欲望という理解であるから、その欲望を満たすとあれば、なんでも行なうこととなる。

その最も手っとり早い方法は金銭を得ることである。しかし、働いていない子どもに金銭はないので、それを得るためには、いじめでも脅迫でも暴行でも売春でもなんでも行なうことになるわけである。それが彼らの言う「自由」である。それは、物的欲望を断つ老荘思想的自由とはまったく関係がない。

とすれば、所沢高校の生徒会権利章典の「人間らしく自由に生きる」とは、いったい何を意味しているのであろうか。

上述のように、その「人間らしく」ということばには儒教的意味も老荘思想的意味も共にない。つまりその「人間らしく」ということばは無内容であるから省くとすれば、「自由に生きる」ということばが残る。

その「自由」とは彼らにとって「勝手気まま」ということであるから、「自由に生きる」とは「勝手気ままに生きる」こと、換言すれば「禽獣のように生きる」ことであろう。

禽獣のように生きる権利――これが所沢高校の生徒会権利章典が言う「人間らしく自由に生きる権利」なるものの真相である。つきつめた中身である。

しかし、「人間らしく自由に生きる」、この甘く無内容なことばは、実は日本の至るところで軽々と無批判に使われている。そのように問題の根は深く、所沢高校の騒ぎどころではないのである。

2　まず法、そして道徳を

真の教育力とは何か

平成十年代になって、〈学級崩壊〉ということばが生れてきた。小中学校において授業管理が困難になってきたことを意味する。のみならず、中高校生による犯罪が増えてきている。彼らの内の悪知恵の働く連中は、少年法によって、自分たちは刑法の適用を受けないことと知っているし、学校教育法によって、教師の生徒に対する体罰が禁止されていることを知っていて、教師を平気でなぐったりしている。毎日なぐられている教師もいると聞く。驚くべき話である。

それなら警察力によって秩序の回復や維持を図ればよいではないかということになるのだが、学校や教員たちのほとんどが反対する。驚くべし、その理由として曰く、教育の場に警察を導入するのは、教員と児童・生徒との信頼関係を傷《そこ》なうことになる。あくまでも教員の力で解決する、と。

嗤《わら》うべき意見である。と言うのは、教員と児童・生徒との信頼関係を保ち、教員の力によって暴力問題等を解決し得る〈教育力〉とは何か、ということが明言されていないからである。

おそらく、その教育力とは、せいぜいのところ、よく話し合うとか、児童・生徒の家庭と連絡しあうとか、あるいは、カルシウムをもっと食わせて生徒の短絡的行動をとる原因を除くようにするとか、といった程度のことであって、そんなことで解決するくらいだったら、だれも苦労はしない。

真の教育力とは、そういうことではない。教員の道徳性・品性の高さが周辺に、つまりは児童・生徒に及んでゆき、その道徳性や品性に感化されてゆくことなのである。

それは、草が風になびくように〈風化〉されることであり、礼の高さ（それを文と言う）によって〈文化〉されることであり、それが〈教化〉なのである。

風化（近ごろは空洞化するという異なった意味に使われている）・文化・教化・感化すなわち徳化することができる力が〈教育力〉なのである。

これを実現するには、教員一人一人に人格的高さがあってはじめて可能である。道徳の授業において児童・生徒に道徳を知識として説くレベルなどよりも、はるかに高いレベルが教員に要求されるのである。

生活指導教諭を配置せよ

果して、己れを省みて、そういう人格的自信を持っているのか。実際には、ほとんどの教員は持っていないのではないか。であるならば、軽々しく教育力などを口にすべきではない。

もちろん、日々の努力で教員自身がしっかりと自分を道徳的に磨いてゆき、教育力を身につける努力を怠るべきではない。そしてそういう教育力によって教育をするのが理想である。

しかし、それには時間がかかる。現在の緊急事態には緊急の措置を取るしかない。そのために、秩序の回復や維持の職業的集団すなわち警察の力を借ることはなんら不自然ではない。昭和四十年代の前半、大学紛争があったとき、大学の教授会は当事者能力がなく完全に教育力を失っていた。その四、五年間に及ぶ大学内の無秩序は、しかし、警察力の導入によって、あっと言うまにおさまってしまったではないか。そのことによってその後の大学教育が傷ついたわけではない。

もっとも、私は学校に警官が常駐することを主張するわけではない。それに相当するものを（時限立法的に）置くことを提案する。それは、警察権を一部持つ生活指導教諭の配置である。

現在、教員免許法に基づく教員は、教科教育を担当、すなわちたとえば国語とか数学とかを担当する。しかし、勤務先で生活指導をも担当する。ところが、生活指導の実際についてこれという訓練もなく生活指導を担当するため、時間的にも体力的にも大変なエネルギーを費やしている。つまり、教科教育を専門としてきた教員が教科指導と生活指導との両方をこなすのは、まず無理なのである。生活指導に疲れて、教科指導も十分でなくなることになりかねない。いや、現実にはもうそうなっている。

であるならば、初等中等教育における教員を、教科指導教諭と生活指導教諭との二種類に分けて採用してはいかがであろうか。もちろん、教員免許法を改正することになるが、新たに生活指導教諭の資格を規定すればよい。

暴力行為に断固たる姿勢を

その具体的な内容として言えば、心理学的問題のみならず、法的経済的問題にも精通したカウンセラーや、少年係の職務を担当した経験のある警察官や、哲学・宗教学など思想系の学問を専攻した者とか、あるいは、会社や官庁における長い豊富な人生経験を有する者、集団的訓練に熟達した消防署員や自衛官とか、要するに、生活指導を片手間にではなくて、専業とすることができる人材に一定の審査を加えた上で資格を与え採用することである。

のみならず、暴力的行為をなす者に対する、警察権の一部を与えることである。それが確実に現在の事態に対する抑止力となるであろう。

また、学校は、体罰は与えることはできないけれども、学校教育法第十一条により「教育上必要があると認めるときは、文部科学大臣の定めるところにより、児童、生徒及び学生に懲戒を加えることができる」のであるから、遠慮することなく停学を中心にして処罰すべきである。なぜ処罰をためらうのか。

もし児童・生徒を処罰することが、教育における自分のありかたに反すると言うのであるならば、その言や善し、自分の道徳的責任を形として現わすべきであろう。たとえば、みずから給与をカットして返上するとか、辞職するとかなどして己れを罰すべきである。そういうことのできるりっぱな、進退のみごとな教員にしてはじめて〈教育力〉について語ることができるのである。

今日の教育における混乱に対して、いま道徳を持ち出しても効果はない。いま必要なことは、法による秩序回復である。その次に道徳である。法と道徳との間において、その主張に差はほとんどない。大きな相違点は、強制力（処罰）があるかどうかという点である。

どんな〈生命〉を教えるのか

性急に道徳を持ち出しても、現状に合わないのであり、方法として誤まっている。同じことは、いま盛んに論じられている〈心の教育〉についても言える。〈心の教育〉の中心となるものは〈生命への畏敬〉の念の培養である。しかし、いま性急に「生命《いのち》を大切にしましょう」と教えたら大失敗するに決っている。と言うのは、学校教育において、自由（勝手気まま）を教え、生徒を利己主義者にしてしまっている以上、こうなるであろう。「生命《いのち》を大切にしましょう」「はい、そうですね」「どんな生命ですか」「私の生命です。私の生命だけが大切です。他の人の生命はどうでもいいのです」と。

しかし、キリスト教的教育をしている学校ならこうなるであろう。

「生命《いのち》を大切にしましょう」「はい、そうですね」「どんな生命ですか」「神が賜《あた》え給《たも》うた生命です」と。

同じく、もし儒教的生命論を教育し理解させるならば、こうなるであろう。「生命《いのち》を大切にしましょう」「はい、そうですね」「どんな生命ですか」「祖先からずっと続いて、いまここに私となっている生命です。Aさんも Bさんもそれぞれそうなのです。この生命を後に伝えるようおたがいに大切にしたいと思います」と。

キリスト教的立場にしても儒教的立場にしても、死生観という根底から教育しなければ、何を教えても、それは単なる形式的知識を教えるだけであって、人間を創ることにはならないのである。

あとがき

私は平成二年に『儒教とは何か』（中公新書）を、平成六年に『沈黙の宗教――儒教』（筑摩書房）を刊行した。前者は、歴史を追いつつ通時的に、後者は、構造的に共時的に、それぞれ儒教を論じた。この両著は単なる啓蒙書ではなくて、私が独自の新解釈を加えて体系的に述べた学説であり相当に専門的な内容となっている。にもかかわらず、ともに多量の部数を重ねて現在に至っている。

読者にそのような支持を得てきた理由の一つは、両著ともに「儒教と現代と」という部門を設け、現代の諸問題に対して積極的に儒教的角度よりする解釈を下した点にあったのではないかと考える。

そのような思いであったとき、ＰＨＰ新書の編集長、今井章博氏、編集部の出浦順子氏との出会いがあった。その折、今井氏がテーマとして〈家族〉を挙げた点が、強く私の心に残った。儒教の上層は政治、深層は宗教、そしてその中間にあって両者を結んでいるもの、あえて言えば、人々の眼につくまんなかのものが家族論だからである。しかし、大半の現代日本人は、儒教的家族論をもう知らないでいる。そういう様相を見るにつけ、忘れられている儒教的家族論を世に示す必要があると思うに至ったのである。

さらに言えば、家族論という重要なテーマの場合、必ずその背後に宗教ひいては死生観が存在する。しかし、世に行なわれている大半の家族論には、そうした視点はなく、ただ表面的な事象ばかりを追っている。それは表層をなでているだけであり、結果は、ほとんど説得力を持っていない。要するに、それら家族論は、生活技術論であり、人間の心という根本的問題に迫ることができないでいる。

そこで、かつて発表した拙稿を基礎にしつつ、相当の補改を加えて論述したのが本書である。ただし、趣旨・主張の根本については変えていない。

なぜ過去に書いた拙稿を使ったのかと言えば、各稿とも、その執筆時において最善を尽くして書いたものであり、勢いがあるからである。それは私自身がよく知っている。読者諸氏に対して、一字一句もゆるがせにせず、全力投球したものでなければ、絶対に支持されないことを、私は著述家の経験として心得ている。

その意味で各拙稿は捨てがたかった。けっして書き下《おろ》しの手間を省いたわけではない。いや、むしろ本書は、過去の諸拙稿を材料としつつも、新しく書き下したと言ってよい。もちろん、そこに一貫しているものがある。すなわち儒教的死生観である。

その根本を説きつつ、ＰＨＰ新書の一点として刊行したのが『家族の思想——儒教的死生観の果実』であった。一九九八年刊であり、もう二十六年前となる。

それから多くの時を経て、同書を下に敷き、ここに再刊することとなった。その最大理由は、現代日本における家族の状況の無惨さに対して、どうか、かつての家族の持っていた大いなる意味——それは死生観につながる精神的なもの、それを想い出していただきたいという切なる願いからである。

著者の私は、今や九十歳に近い老残の日々である。国民学校（現在の小学校）三年生の夏、ラジオを通じて、昭和帝の敗戦の玉音放送を拝聴した。少年ながら、精神的挫折は大きかった。

以来、われわれ日本人とは、日本とは何であるのかという問いがずっと私の心にあった。それは敗戦の後遺症であったが、その問いの対象は遂には〈家族とは何か〉という問題に至り、そこから得た解答を基盤として論じたものが同書である。すなわち敗戦で挫折した少年の一生の物語が同書であった。

そしてまた時を経ての今日、同書に相当の手を加えて完成したのが本書である。

本書は産経新聞出版の編集長、瀬尾友子氏の御高配により、貴重な御意見も賜り、ここに刊行となった。まことに嬉しく、万々感謝申し上げる。

令和六年十一月十日

孤剣楼　**加地伸行**

加地伸行（かじ・のぶゆき）

昭和35年、京都大学文学部卒業。高野山大学・名古屋大学・大阪大学・同志社大学・立命館大学を歴任。現在、大阪大学名誉教授。文学博士。中国哲学史・中国古典学専攻。

著書（編著などを除く）に「加地伸行（研究）著作集」三巻として『中国論理学史研究』『日本思想史研究』『孝研究』ならびに『中国学の散歩道』（研文出版）、『儒教とは何か』『現代中国学』『「論語」再説』『「史記」再説』『大人のための儒教塾』（中央公論新社）、『沈黙の宗教——儒教』『中国人の論理学』（筑摩書房）、『論語 全訳注』『孝経 全訳注』『論語のこころ』『漢文法基礎』（講談社）、『論語』『孔子』『中国古典の言葉』（角川書店）、『〈教養〉は死んだか』（ＰＨＰ研究所）、『マスコミ偽善者列伝』（飛鳥新社）、『令和の「論語と算盤」』『韓非子　悪とは何か』（産経新聞出版）など。

間違いだらけの家族観

儒教で読み解く老い・父性・夫婦・死

令和６年12月13日　第１刷発行

著　　者　加地伸行
発 行 者　赤堀正卓
発 行 所　株式会社産経新聞出版
〒100-8077 東京都千代田区大手町 1-7-2
産経新聞社８階
電話　03-3242-9930　FAX　03-3243-0573
発　　売　日本工業新聞社　電話　03-3243-0571（書籍営業）
印刷・製本　株式会社シナノ

ISBN 978-4-8191-1446-2　C0095
